Süßes Südtirol

Bibliografische Information der deutschen Nationalbibliothek
Die Deutsche Nationalbibliothek verzeichnet diese Publikation in der Deutschen Nationalbibliografie; detaillierte bibliografische Daten sind im Internet abrufbar: http://dnb.d-nb.de

1. Auflage November 2023

Redaktion: J. Christian Rainer
Vielen Dank an Simon Unterholzner, der uns tatkräftig unterstützt hat.
Design & Layout: Athesia-Tappeiner Verlag
Bildbearbeitung: Typoplus, Frangart
Druck: GZH Zagreb
Papier: Innenteil und Vorsatz Maestro Print

Gesamtkatalog unter
www.athesia-tappeiner.com

Fragen und Hinweise bitte an
buchverlag@athesia.it

ISBN 978-88-6839-712-8

Einfach QR-Code scannen und sich auf unserer Internetseite www.so-kocht-suedtirol.it informieren.

Bildnachweis
Stockfotos: Seite 6 (kikisora), 7 (Mara Zemgaliete), 8 (Comugnero Silvana), 10 (Irina Kostina), 11 (Vitalii), 12 (yanadjan), 14 (mrzazaz), 15 oben (emuck), 93 rechts unten (kcuxen), Umschlag hinten, Marille (Natika)
Alle übrigen Aufnahmen stammen von Günther Pichler, Eggen, www.gpichler.com

Bildbeschreibung Umschlag
Cover: Strauben mit Preiselbeeren (Rezept S. 22)
Rückseite: Kastanienreis-Torte (Rezept S. 76)

Dieses Buch wurde der Umwelt zuliebe nicht mit einer Schutzfolie eingeschweißt.

Heinrich Gasteiger . Gerhard Wieser . Helmut Bachmann

Süßes Südtirol

Die besten Backrezepte mit Gelinggarantie

ATHESIA VERLAG

Liebe Backfreunde!

Helmut Bachmann

Heinrich Gasteiger

Gerhard Wieser

Wissenschaftler haben nachgewiesen, dass Süßes für das Ausschütten von Glückshormonen in unserem Körper sorgt. Aber auch ohne diese Erkenntnis hätten wir zu behaupten gewagt: Süßes macht glücklich! Und noch glücklicher macht es, wenn man es selbst gebacken hat.

Insofern haben wir mit unseren Rezepten in diesem Buch nichts anderes als Glück zwischen zwei Buchdeckel geklemmt. Glück, das sich auf einen gemeinsamen geografischen Nenner zurückführen lässt: Südtirol. Dieses Land profitiert auch in der Backstube von seiner Brückenfunktion, hat über Jahrhunderte Einflüsse aus dem Norden und aus dem Süden aufgesaugt und so eine eigene, ganz besondere Backtradition entwickelt.

Daher finden Sie in diesem Buch nicht nur die Südtiroler Backklassiker Krapfen, Kaiserschmarren und Strudel, sondern noch vieles andere mehr: traditionell Einfaches wie Buchteln, Buchweizentorte, Palatschinken, aber auch Aufwändigeres wie Strauben.

Egal, welches Rezept – was wir suchen, ist der Spaß am Backen. Der stellt sich erfahrungsgemäß nur ein, wenn zwei Bedingungen erfüllt sind: Erstens muss man sich dranwagen, zweitens muss es gelingen. Beides machen wir Ihnen so leicht wie möglich. Deshalb viel Spaß in der Backstube!

Ihr „So kocht Südtirol"-Team

Inhalt

Buchweizenfeld – in Südtirol wird Buchweizen Schwarzpolenta genannt.

(Süße) Schicht für Schicht

Die Fusionsküche hat die globalen Kochtrends in den letzten Jahren rund um den Globus geprägt. Für Südtirol ist die Fusion unterschiedlichster Kulturen und Traditionen alles andere als neu: Als Land, das seit jeher eine Scharnierfunktion zwischen Norden und Süden, zwischen dem deutschen und italienischen Sprach- sowie zwischen dem germanischen und romanischen Kulturraum einnimmt, gehört das Aufsaugen von Einflüssen seit Jahrhunderten zur Tagesordnung – so sehr, dass es kaum noch möglich ist zu bestimmen, was nun woher stammt. Aber vielleicht macht gerade das die Südtiroler Küche so einzigartig: Aus dem Zusammenspiel unterschiedlichster Einflüsse ist etwas Neues, Eigenständiges, Authentisches entstanden.

Die Vielfalt bildet also das Fundament der Südtiroler Küche, und zwar genauso, wenn es ums **Backen** geht. Schließlich hat man auch beim Süßen Anleihen gesucht und gefunden, obwohl sich zum Rest der Südtiroler Küche, zu Antipasti, Vor- und Hauptspeisen also, ein großer Unterschied zeigt: Der mediterrane Einfluss ist beim Backen weit weniger präsent. Dafür sind die beiden anderen Schichten der Südtiroler Küche in der Backstube sehr viel spürbarer: die **altösterreichische** ebenso wie die **bäuerliche.**

Aus Acker, Wiese und Hof

Südtirol ist seit jeher ein landwirtschaftlich geprägtes Land. Das bäuerliche Erbe spiegelt sich in den Traditionen wider, in der Sprache, im Alltag, in der Landschaft und eben auch in der Küche. Oder, im Falle dieses Buchs, in der Backstube. Dabei ist bei den Klassikern aus Südtirols Backstuben das gesamte Spektrum der Südtiroler Landwirtschaft vertreten: von den Tal- und Gunstlagen bis hinauf zu den Bergbauernhöfen und Almen.

Richten wir den Fokus zuerst aufs Tal. Das hinterlässt in der Backstube vor allem Spuren in Form von

Obst – allen voran Äpfeln. Und damit sind wir schon bei einem der Backklassiker schlechthin: dem **Apfelstrudel** (Rezept S. 68). Der ist übrigens nur dann ein echter Südtiroler, wenn man ihn aus Mürbteig macht, mit Äpfeln aus Südtirol füllt und ihm mit einer Handvoll gerösteter Pinienkerne in der Füllung einen mediterranen Touch verpasst.

Äpfel: die Qual der Wahl

Südtirol gehört zu den traditionsreichsten und größten Apfelproduzenten, knapp jeder zehnte europäische Apfel stammt von hier. Zur Masse kommen Klasse und Vielfalt – und damit auch die Qual der Wahl, wenn es um die beste Apfelsorte fürs Backen geht. Grundsätzlich gilt für uns: Ein optimaler Apfel etwa für einen Strudel muss **knackig** sein und möglichst knackig bleiben, also backfest sein. Im Geschmack bevorzugen wir nicht allzu süße Äpfel, denn Strudel (aber auch Apflkiechl) sind schon süß genug. Sie brauchen daher etwas Säure, die für ein Gefühl von Frische und Leichtigkeit sorgt. Aus diesem Grund ist unser Lieblingsapfel für den Apfelstrudel der **Gravensteiner,** aber auch **Golden Delicious, Gala** oder **Morgenduft** eignen sich bestens.

Neben dem Apfelstrudel haben Äpfel mit einem zweiten Klassiker Einzug in die bäuerliche Süßspeisenküche gehalten: mit **Apfelküchlein** (Rezept S. 26) oder, wie man in Südtirol sagt, Apflkiechl, deren Zutaten – bis auf Zucker und Salz – rundum vom Hof stammen: vom Mehl bis zum „Schmalz", in dem die Apflkiechl gebacken wurden.
Dasselbe gilt für **Strauben** (Rezept S. 22), **Kniekiechl** (Rezept S. 18), vor allem aber für **Krapfen** (Rezept S. 20), aus deren Vielfalt Insider lesen können wie in einer Südtiroler Landkarte. Je nach Größe, Form und Füllung kann man die Krapfen geografisch nämlich exakt zuweisen. Und exakt heißt: Krapfen – zumal Kirchtagskrapfen – unterscheiden sich nicht nur von Bezirk zu Bezirk oder von Tal zu Tal, sondern von Dorf zu Dorf (und mitunter von Weiler zu Weiler). Allen gemeinsam ist aber: Am besten schmeckt der aus dem eigenen Dorf!

Wichtig ist, was drin ist

Am leichtesten zu unterscheiden sind **Krapfen** nach ihrer **Füllung.** Dafür muss man schließlich kein Experte sein. Allerdings machen es einem die Südtiroler in ihrem Krapfenwahn nicht leicht und füllen ihr Nationalgebäck mit allem, was man sich nur denken kann: mit Mohn, Äpfeln oder Schwarzbeeren, mit frischen oder getrockneten Birnen, mit Marillen- oder Preiselbeermarmelade, mit Kastanien oder Topfen. Und manchmal auch nur mit Luft: Dann muss Anis im Teig für genügend Eigengeschmack sorgen.

Klar ist: Die Füllung der traditionellen Krapfen spiegelt das wider, was die Bauern früher verfügbar hatten. Überhaupt ist dies das wichtigste Merkmal

Kastanienfüllung für Krapfen

bäuerlicher Küche: Auf den Tisch kommt, was die Natur gerade hergibt. Im Herbst waren das in den tiefen, warmen Lagen Südtirols auch Trauben, diese kommen in der heimischen Backstube aber so gut wie gar nicht vor. Das liegt wohl daran, dass man die Trauben zu Wertvollerem veredelt hat. Zu Wein nämlich. Und der spielt durchaus auch in der Liste der Südtiroler Backspezialitäten eine gewichtige Rolle.

Aus der Not entstanden

Die bäuerlichen Wurzeln sind beim Backen also unverkennbar. So wie unverkennbar ist, dass so manch einer dieser Klassiker nicht aus Jux und Tollerei entstanden ist, sondern aus der Not geboren wurde. Das mag kurios klingen, weil wir ja von Süßspeisen reden und damit vom Luxus in der Küche, von dem, was sonntags auf den Tisch kam oder zu besonderen Feiertagen.

Aber: So manch ein süßer Klassiker ist – durchaus nicht nur, sondern auch in Südtirol – aus der Notwendigkeit geboren, nur ja keine Lebensmittel zu verschwenden. Und das heißt in erster Linie, altbackenes Brot (wieder) genießbar zu machen – und zu einem besonderen Genuss. Als Vertreter dieser Kategorie sind der **Scheiterhaufen** (Rezept S. 44) sowie die **Vinschger Schneemilch** (Rezept S. 40) zu nennen. Heute liegt beiden zwar meist feines Hefegebäck zugrunde, in der Urversion bildete aber hartes, trockenes Weißbrot das Fundament beider Speisen. Dieses wurde in gesüßte Milch eingeweicht, damit man es überhaupt kauen konnte, und nach und nach mit weiteren Zutaten verfeinert.

Wohl ebenso Armut und Not zuzuschreiben, ist die Tatsache, dass zu den Backspezialitäten dieses Landes auch Speisen gehören, die für sich allein stehen können, also nicht nur zum Kaffee oder als Dessert verspeist werden. Der **Kaiserschmarren** (Rezept S. 30) ist so ein Gericht, wobei die Legende erzählt, er sei am kaiserlichen Hof in Wien entstanden. Fakt ist wohl eher, dass das Grundrezept ein zutiefst bäuerliches ist, weil es alles vereint, was ein Hof hergibt. Das ganze Jahr hindurch.

Kaiserschmarren

Grenzgänger
Ein ganzes Kaiserreich im Rohr: Buchteln stammen aus Böhmen, wo sie als „buchta" oder „buchtičky" bekannt sind. Und Palatschinken wurden erstmals in Ungarn auf die Speisekarte gesetzt: damals als „palatsinta" und offensichtlich so erfolgreich, dass man den schwierigen Begriff gleich eingedeutscht hat. Übrigens: So orientalisch das Wort „Datschi" auch klingen mag, es stammt aus dem Bayerischen und kommt von „detschen". Das ähnelt dem Südtiroler „tetschn" oder „totschn" und steht für „Hineindrücken". Bei uns müsste der Zwetschgendatschi (Rezept S. 54) also „Tatschi" oder „Totschi" heißen. Dann doch besser „Zwetschgenschnitte" ...

Wie auch immer: Die Legende des Kaiserschmarrens setzt uns auf die Spur, die Altösterreich in der Südtiroler Backstube hinterlassen hat. Eine ganze Reihe süßer Klassiker, die wir heute mit unserem Land in Verbindung bringen, hat seine Wurzeln schließlich im ehemaligen kaiserlich-königlichen Reich: von den **Buchteln** (Rezept S. 28) über **Hefezopf** (Rezept S. 24), **Linzer Schnitten** (Rezept S. 66) und **Sachertorte** (Rezept S. 80) bis hin zu **Palatschinken** (Rezept S. 38). Sie alle haben den Sprung über (zum Teil mehrere) Grenzen geschafft und sind mit der ohnehin nach allen Seiten offenen Südtiroler Küche verschmolzen.

Wie immer ist der Blick in diese Küche also einer in die Geschichte dieses kleinen und doch so besonderen Landes. Das ändert sich auch nicht, wenn man backt statt zu kochen und Süßes auf den Teller kommt statt Herzhaftes.

Das Einmaleins des Backens

Müssten wir das Backen auf eine Grundregel herunterbrechen, kämen wir mit zwei Worten aus: **Sei genau!** Und darin liegt auch schon der wesentliche Unterschied zum Kochen. Während bei Letzterem durchaus einmal Freestyle angesagt ist, Improvisation und grenzenlose Kreativität, ist Backen vor allem eines: Maßarbeit. Oder anders: Wer sich nicht die Mühe macht, alle **Zutaten exakt abzuwiegen und abzumessen**, wird scheitern.

Der Grund für diese Regel ist einfach: Beim Backen geht es um ein chemisches Zusammenspiel der Zutaten, denn erst dieses chemische Zusammenspiel sorgt für das gewünschte Ergebnis. Wer also einen fluffigen **Hefeteig** haben möchte, muss dafür sorgen, dass der Teig aufgeht. Und das tut er nur, wenn das Verhältnis zwischen Hefe und den anderen Zutaten stimmt. Und wer mit einem **Mürbteig** arbeitet, kann das bloß, wenn er sich ausrollen und formen lässt, ohne zu bröckeln. Und auch das tut er lediglich, wenn alle Zutaten im richtigen Verhältnis vermengt wurden.

Wenn Kochen also Kunst ist, ist Backen Wissenschaft.

Nur das Beste

Wie jede Wissenschaft folgt das Backen klaren Regeln. Das fängt bei den Zutaten an:

- **Alle Zutaten sollten frisch sein.** So geht man gesundheitlichen Risiken aus dem Weg und sorgt für den besten Geschmack.
- **Alle Zutaten müssen geschmacksrein sein**, was vor allem bedeutet: Keine Zutat (etwa Butter) darf im Kühlschrank Geschmack gezogen haben.
- **Alle Zutaten sollten regional sein**, wobei wir hinzufügen: wo immer möglich. Das sichert kurze Wege, Frische und Nachhaltigkeit.
- **Alle Zutaten müssen hygienisch einwandfrei sein.** Die abgeriebene Schale sollte also nur von unbehandelten Zitronen oder Orangen stammen, Obst ist gewissenhaft zu waschen.

Was für alle Zutaten gilt, gilt natürlich besonders für die Grundzutaten, mit denen man sich bei (fast) jedem Backrezept auseinandersetzen muss. Deshalb lohnt ein näherer Blick auf die fünf Säulen des Backens, auf **Mehl, Eier, Butter, Milch** und **Zucker.**

Mehl: die Basis für Gebackenes

Mehl ist die Grundzutat des Backens, allerdings weiß jeder, der schon einmal vor einem gut sortierten Mehlregal stand: Mehl ist nicht gleich Mehl. Vielmehr gibt es unterschiedlichste Ausgangsmaterialien für Mehl und unterschiedliche Typen innerhalb der gleichen Mehlsorte.

In der (Südtiroler) Backstube kommt man allerdings mit wenigen Mehlsorten aus. Die wichtigste davon ist **Weizenmehl**, das in den meisten Rezepten Verwendung findet, aber auch **Dinkelmehl.** Es hat optimale Backeigenschaften und ist zudem weitgehend farb- und geschmacksneutral. Weizenmehle lassen sich nach dem Grad des Ausmahlens unterscheiden, es gibt also feinere und weniger feine Mehle. In der Küche spricht man in diesem Fall von glattem und griffigem (oder gar doppelgriffigem) Mehl.

- **Glattes Mehl** ist ein helles, nahezu vollständig weißes und sehr feines Auszugsmehl, das für die Teige der meisten Mehlspeisen verwendet wird, also für Hefe- und Ziehteige, Gebäck und Kuchen. In Südtirol wird das glatte Mehl mit „00“ gekennzeichnet, in Deutschland mit „405“, in Österreich mit „W 480“, in der Schweiz meist als „Weissmehl“.
- **Griffiges Mehl** ist grobkörniger, dunkler und saugt Flüssigkeit auf. Deshalb wird in Rezepten mit griffigem Mehl – für Rührteige, Kekse, Kuchen und Biskuit – mit mehr Wasser gearbeitet. Auch sollten längere Teigruhezeiten eingehalten werden. In den Südtiroler Handel kommt griffiges Mehl unter der Bezeichnung „0“, in Deutschland unter „550“, in Österreich unter „W 700“, während in der Schweiz auch dafür der Begriff „Weissmehl“ verwendet wird.

Was ist Mehl?

„Mehl" steht als Überbegriff für das Produkt gemahlener Körner. In diesem Buch steht der Begriff dagegen der Einfachheit halber für glattes Weizenmehl. Wo nicht anders im Rezept angeführt, kommt demnach Doppelnuller-, also 405er-Mehl zum Einsatz.

Neben Weizenmehl sollte man in der Backstube noch zwei weitere Mehle kennen. Das erste ist **Roggenmehl**. Das Süßgras Roggen ist im Anbau sehr viel genügsamer als Weizen, es wächst auch in höheren Lagen und bei härteren klimatischen Bedingungen. Auf den Äckern der Südtiroler Bergbauern stand daher Roggen, während Weizen nur in den Gunstlagen gedieh. Wegen des ausgeprägten Eigengeschmacks kommt das gräuliche Roggenmehl bei Süßspeisen aber nur vereinzelt zum Einsatz.

Das dritte in der Bergbauernküche (und -backstube) wichtige Mehl ist das **Buchweizenmehl**, in Südtirol „Schworzplent" (also „Schwarzpolenta") genannt. Buchweizen ist ein Knöterichgewächs, das die rauen Bedingungen der südrussischen Steppe in seiner DNA hat und daher auch in den Südtiroler Bergen zurechtkommt. Was das Buchweizenmehl von allen anderen Mehlen abhebt, ist sein nussiger Geschmack, der bestens zum süß-säuerlichen Aroma von Preiselbeeren passt. Deshalb haben wir neben dem Südtiroler Buchweizenklassiker, der **Buchweizentorte** (Rezept S. 86; „Schwarzpolentatorte" oder eben „Schworzplentene Torte"), auch eine **Buchweizenroulade** (Rezept S. 88 unter Tipps) im Rezept-Sortiment.

Mehl sieben?

In vielen Backrezepten wird empfohlen, das Mehl vor dem Einsatz zu sieben. Das ist zwar nicht unbedingt notwendig, aber durchaus sinnvoll, weil man dadurch vermeidet, dass Mehlklümpchen in den Teig kommen. Und auch eventuelle Verunreinigungen sondert man früh genug aus.

Eier: nur von glücklichen Hühnern

Es gibt kaum ein Backrezept, das ohne Ei(er) auskommt. Das liegt daran, dass Eier gemeinsam mit dem Klebereiweiß im Mehl für die nötige Bindung sorgen, die Zutaten also – wenn man so will – zusammenhalten. Zudem fungieren Eier als **Geschmacksträger** und sorgen für Struktur im Teig. Vor allem das Eiweiß hilft schließlich dabei, Luft in den Teig zu bekommen, also dafür zu sorgen, dass der Teig **fluffig und locker** wird.

Wie viel wiegt ein Ei?

„1 Ei" in unseren Rezepten entspricht einem mittleren Ei (M). Das wiegt im Schnitt 64 Gramm samt Schale. Wer auf Nummer sicher gehen will, wiegt die Eier ab.

So wichtig die Eier fürs Backen sind, so komplikationslos sind sie in Einkauf und Küche. Das führt dazu, dass sich kaum jemand Gedanken darüber macht. Deshalb wollen wir Ihnen ein paar Dinge ans Herz legen, die Sie beachten sollten, bevor es ans Backen geht.

- **Verwenden Sie nur frische Eier!**
  Gerade bei Eiern sorgt die Frische für eine Gesundheitsgarantie. Zudem stellt man sicher, dass das Ei keinen unangenehmen Geschmack hat. Wie aber stellt man fest, ob ein Ei frisch ist? Indem man es schüttelt. Schwappt das Ei dabei hin und her, sollten Sie besser die Finger davon lassen. Sind Sie danach immer noch unsicher, schlagen Sie das Ei auf. Auf einer ebenen Oberfläche sollte das Eiweiß dickflüssig sein, das Eigelb nach oben gewölbt.
- **Keine frischen Eier verfügbar?**
  Unsere erste Regel ist einfach, aber nicht immer einfach umzusetzen. Sollte kein frisches Ei verfügbar sein, sollten Sie beim Backen auf pasteurisierte Eier zurückgreifen. So gehen Sie auf Nummer sicher.
- **Verwenden Sie möglichst Freilandeier aus der Region!**
  Bestimmt haben Sie schon einmal Bilder einer Legebatterie gesehen. Falls ja, dürfte unser Plädoyer für Freilandeier auf offene Ohren stoßen. Nur sie garantieren eine artgerechte Haltung der Hühner. Und entscheiden Sie sich zudem für Eier aus der Region, halten Sie die Transportwege kurz, werden frisch versorgt und stärken die heimische Landwirtschaft.

Aufgeschlagene Biskuitmasse

Eier richtig trennen (siehe S. 15)

Eier richtig zu trennen, ist ein delikates Verfahren. Am besten ist, man schlägt die Eierschale in der Mitte an einer harten Kante auf. Dafür eignet sich der Rand einer Schüssel oder auch der Rücken eines Messers. Aus dem Riss in der Schale fließt Eiweiß aus, das man in einer Schüssel auffängt. Vorsichtig kann man das Ei nun auseinanderbrechen und das Eigelb von einer Schalenhälfte in die andere schütten. Jedes Mal flutscht dabei mehr Eiweiß in die Schüssel, bis in der Eierschale nur mehr das Eigelb verbleibt. Aber **Vorsicht:** Gerade wenn Eiweiß zu Schnee geschlagen werden muss, verzeiht es beim Trennen keine Fehler. Schon die geringste Menge Eigelb verhindert, dass das Eiweiß zu Eischnee wird.

Butter: der beste Geschmacksträger

Während Mehl für Substanz und Eier für Volumen sorgen, übernimmt die Butter beim Backen die Aufgabe, Kuchen und Gebäck **Geschmeidigkeit und Elastizität** zu verleihen. Auch für die Stabilität von Teigen ist Butter wichtig, weil sie sich mit dem Klebereiweiß im Mehl zu einer zwar geschmeidigen und weichen, aber gut haftenden Masse verbindet. Schlägt man Butter darüber hinaus auf, kommt Luft in den Teig, der dadurch lockerer wird. Und nicht zuletzt verhindert Butter, dass Teige zu trocken werden.
Letztere Eigenschaft verdanken wir dem Milchfett, aus dem Butter zu mehr als 80 Prozent besteht. Dieses kann mitunter durch andere Fette ersetzt werden, pflanzliche etwa, wobei wir beim Backen stets auf Butter setzen.

Dies aus mehreren Gründen:

- Butter ist ein durch und durch **natürliches Produkt**, das allein aus der Sahne der Milch hergestellt wird, also ganz ohne Zusatzstoffe.
- Butter (und nur Butter!) sorgt in Kuchen und Gebäck für ein sehr feines, in jedem Fall aber **einzigartiges Aroma**.
- Butter ist ein Allrounder und kann **für alle Teigarten** verwendet werden, also nicht nur für Buttergebäck (klar!), sondern auch für Hefe-, Mürb-, Plunder-, Brand-, Blätter- oder Krapfenteig.

Wer trotz der Vorteile von Butter beim Backen lieber auf pflanzliche Fette setzt, kann Margarine verwenden.

Milch: ohne sie kein Teig

Das bäuerliche Erbe in der Südtiroler Backstube ist auch an den Zutaten erkennbar: Mehl gab es am Hof, Eier genauso, Butter auch. Und Milch natürlich, ohne die Backen weitgehend unmöglich wäre. Das liegt nicht nur an der traditionellen Verfügbarkeit von Milch am Bauernhof, sondern auch daran, dass Milch ein Alleskönner ist, wenn es ums Backen bzw. um die **Herstellung von Teigen** geht.

- **Milch sorgt für die nötige Flüssigkeit im Teig**. Ohne flüssige Zutaten könnte man Mehl nicht in die Form eines Teiges bringen. Und wenn doch, würde er einem zu den Ohren hinausstauben. Man verwendet Milch und nicht Wasser, da Milch für eine weichere Konsistenz des Teiges sorgt.
- **Milch unterstreicht den Geschmack**. Auch wenn die Milch einen nur sehr dezenten Eigengeschmack aufweist, profitiert doch das gesamte Gebäck von ihrer geschmacksverstärkenden Wirkung.

Nicht nur auf die Herkunft sollte man beim Kauf von Milch Wert legen, sondern auch auf die Qualität. So verwenden wir beim Backen ausschließlich Frisch-

Beim Backen (und nicht nur) verwendet man am besten Heumilch.

milch, am besten **Heumilch**. Diese stammt von Kühen, die nicht mit Silage gefüttert werden, die wiederum einen negativen Einfluss auf den Milchgeschmack haben kann. Was wir so gut es geht vermeiden, ist **H- oder UHT-Milch**, weil beim Erhitzen alle wertvollen Inhaltsstoffe der Milch verloren gehen. Die längere Haltbarkeit wiegt diesen Nachteil keinesfalls auf.

Das Herz aller Süßspeisen: der Zucker

Alle unsere Südtiroler Backklassiker sind süß. Und das heißt: In der einen oder anderen Form kommt in jedem unserer Rezepte Zucker vor.
Was auch immer der Grund dafür ist, dass wir Zucker wollen, suchen oder brauchen – als Erkenntnis bleibt: Backen, wie wir es kennen, ist ohne Zucker fast nicht möglich:

- **Zucker sorgt für die Süße**, die wir beim Backen vor Augen haben. Und für das Glücksgefühl, das mit dieser Süße einhergeht.
- **Dem Zucker verdanken wir die Farbe unseres Gebäcks.** Dass wir Kuchen und Gebäck also mit der Farbe Braun assoziieren, hängt damit zusammen, dass Zucker im Ofen karamellisiert und goldbraun wird.
- **Zucker wirkt sich positiv auf die Konsistenz des Teiges aus.** Wie wir schon einmal gesagt haben: Backen ist Chemie und in dieser spielt der Zucker eine ganz entscheidende Rolle.

Zucker im Plural

Wenn wir in unseren Rezepten „Zucker" schreiben, meinen wir **Kristallzucker,** also raffinierten weißen Rohr- oder Rübenzucker. Das ist eine Vereinfachung, denn daneben gibt es auch **braunen Zucker.** Dieser ist mit Rohrzuckersirup gefärbt und schmeckt leicht nach Karamell. In manchem Rezept wird man zudem **Staubzucker** (Puderzucker) finden, der meist zum Bestäuben verwendet wird. Staubzucker ist nichts anderes als fein gemahlener Kristallzucker.

Salz, Hefe & Co.: unscheinbar, aber notwendig

Lassen Sie uns zum Schluss noch einen kurzen Blick auf drei Zutaten werfen, die in den Rezepten zwar nur in sehr geringen Mengen vorkommen, ohne die Mehlspeisen allerdings ausfallen würden wie Bretter: hart, kompakt und geschmacksneutral.

- Dass **Salz** eine notwendige Zutat süßer Speisen ist, mag kurios erscheinen, aber auch hier gilt: Das Salz erfüllt in der Backchemie spezifische Aufgaben. Die wichtigste ist jene als **Geschmacksverstärker**, Salz verstärkt, so paradox es klingen mag, auch das Empfinden von Süße, die noch zusätzlich betont wird. Zugleich entzieht Salz dem Teig überschüssige Feuchtigkeit, sorgt also dafür, dass er nicht feucht und klebrig wird.

- **Hefe** (Germ) ist eines der ältesten Triebmittel beim Backen. Vermischt man sie mit lauwarmem Wasser und Zucker, fängt sie an zu gären, bildet also Kohlendioxid in Form kleinster Bläschen. Diese sorgen für einen fluffig-luftigen Teig. Allerdings muss man mit Hefe sorgsam umgehen, weil sie temperaturempfindlich ist. Unser Tipp: Sorgen Sie für eine **Umgebungstemperatur von etwa 30 Grad Celsius**, dann arbeitet die Hefe perfekt.
- Das chemische Äquivalent zur Hefe ist das **Backpulver.** Auch dieses dient beim Backen als Triebmittel, auch dieses bildet Kohlendioxid und sorgt deshalb für Volumen. Anders als Hefe ist Backpulver gänzlich geschmacksneutral, vielen Mehlspeisen würde demnach das typische Aroma eines Hefeteigs fehlen. Deshalb setzt man Backpulver vor allem bei Rührteigen ein. Ihr großer Vorteil ist: Während Hefe Zeit braucht, um zu wirken, mischt man Backpulver einfach in den Teig, und schon kann es weitergehen.

Backschule: Schritt für Schritt

Eier trennen

Das Ei am Schüsselrand anschlagen.

Das Ei vorsichtig aufbrechen.

Das Ei hin und her neigen, damit das Eiweiß abfließt. Die Hagelschnur am Ende des Vorgangs abtrennen.

Getrenntes Eigelb und Eiweiß weiterverwenden.

Damit Eischnee wirklich gelingt

Eiweiß mit wenig Salz anschlagen…

… langsam aufschlagen …

… und mit Zucker zu Eischnee schlagen.

Backschule: Schritt für Schritt

Zwetschgendatschi (Rezept siehe Seite 54)

Reife, gewaschene Zwetschgen mit einem kleinen Messer in der Mitte durchschneiden und den Kern entfernen.

Halbierte Früchte in der Mitte etwas einschneiden, damit sie besser und gleichmäßiger auf den Teig gelegt werden können.

Den Hefeteig auf ein Backblech geben, andrücken und die Zwetschgen mit der Hautseite nach unten dicht aneinander (schuppenförmig) auflegen. Nochmals gehen lassen.

Den fertig gebackenen Zwetschenkuchen (Datschi) mit Marillenmarmelade (Aprikosen) bestreichen.

Biskuitroulade (Rezept siehe Seite 90)

Eigelbmasse mit dem Eischnee mischen und Mehl unterheben.

Die Masse mit der Winkelpalette gleichmäßig auf dem Backpapier auftragen.

Die gebackene Biskuitroulade mit Himbeermarmelade bestreichen.

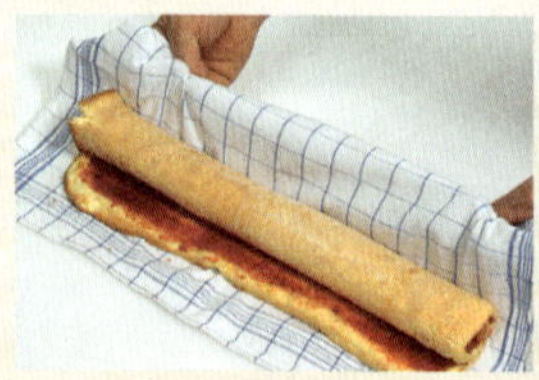

Roulade einrollen.

Mürbteig für Apfelstrudel (Rezept siehe Seite 68)

Das Mehl auf die Arbeitsfläche sieben und in die Mitte eine Vertiefung drücken.

Butterwürfel mit Staubzucker, Eigelb, Vanillezucker, Zitronenschale und Salz in die Mitte geben und verkneten.

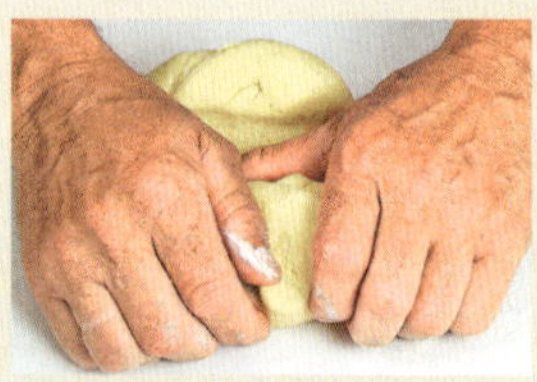

Wenn keine Butterstücke mehr zu sehen sind, mit dem Mehl rasch zu einem glatten Teig verkneten.

Den Mürbteig 40 x 25 cm groß ausrollen und auf ein Backblech legen. Die Füllung daraufgeben und den Teig darüberklappen.

Marillenknödel (Rezept siehe Seite 32)

Topfen, Eier, Butter und Mehl.

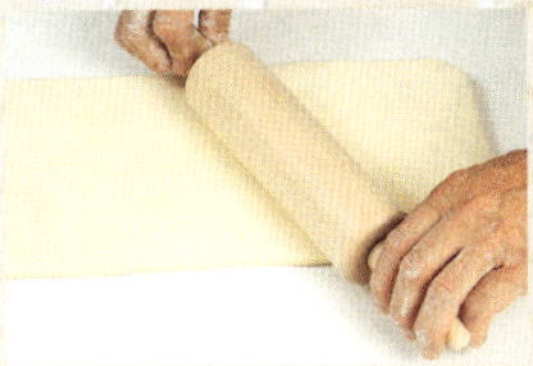
Teig ausrollen.

Marillen mit den Teigstücken umhüllen.

Gekochte Marillenknödel in süßen Zimtbröseln wälzen.

Hefeteig für Buchteln (Rezept siehe Seite 28)

Für das Dampfl (Vorteig) zerbröckelte Hefe, Zucker und lauwarme Milch vermischen.

Das Dampfl im Mehl **15 Minuten** zugedeckt bei maximal **35 Grad** gehen lassen.

Eier, Vanillezucker und Orangenschale vermischen, leicht erwärmen, dazugeben und verrühren.

Den Teig in der Küchenmaschine so lange kneten, bis er Blasen wirft. **15 Minuten** zugedeckt gehen lassen.

Brandteigkrapfen, Windbeutel (Rezept siehe Seite 36)

Wasser, Butter und Salz aufkochen lassen und Mehl im Sturz in die kochende Flüssigkeit geben.

Bei mäßiger Hitze so lange rühren, bis sich die Masse vom Topfboden löst (Abbrennen).

Eier nach und nach in die abgekühlte Masse rühren.

Mit einem Spritzsack Rosetten aufspritzen und backen. Die ausgekühlten Windbeutel füllen.

Kniekiechl mit Waldbeeren

Zubereitungszeit: **etwa 1½ Stunden**

Für 4 Personen (8 Stück)

	Kniekiechlteig
250 g	Mehl
100 ml	lauwarme Milch
15 g	Hefe
1 EL	Zucker
20 ml	Sonnenblumenöl
2	Eier
1 EL	Schnaps
½ TL	Anis
1 Prise	Salz

	Weiteres
	Backfett
120 g	Waldbeeren (Heidelbeeren, Himbeeren, Johannisbeeren)
2 EL	Zitronensaft
1 EL	Staubzucker
	Staubzucker zum Bestreuen
1 EL	Minzblätter
	Zimtsahne zum Servieren

Kniekiechlteig

1. Mehl in eine große Schüssel geben und in die Mitte eine Mulde drücken.

2. Milch mit zerbröckelter Hefe und Zucker verrühren und in die Mehlmulde geben, an einem warmen Ort **30 Minuten** zugedeckt gehen lassen.

3. Sonnenblumenöl, Eier, Schnaps, Anis und Salz zum Mehl geben und schlagen, bis der Teig Blasen wirft und sich vom Schüsselrand löst.

4. Den Teig mit einer Folie abdecken und an einem warmen Ort **30 Minuten** gehen lassen, danach auf ein bemehltes Brett geben und kurz durchkneten.

5. Acht gleichmäßige Teigstücke abschneiden, zu Kugeln formen, mit etwas Mehl bestäuben und zugedeckt weitere **30 Minuten** gehen lassen.

6. Mit beiden Händen unter die Teigkugeln greifen und gleichmäßig rundherum so ausziehen, dass außen ein dicker Wulst entsteht und der Teil innen durchscheinend wird.

7. Sofort ins heiße Fett geben und auf beiden Seiten bei rund **180 Grad** etwa **4 Minuten** backen. Dabei mit einem Kochlöffel heißes Fett auf die Kiechl schöpfen.

8. Die Kiechl aus dem Fett nehmen und auf Küchenkrepp gut abtropfen lassen.

Fertigstellung

9. Waldbeeren mit Zitrone und Staubzucker marinieren, in die Vertiefung der Kniekiechl füllen und mit Staubzucker bestreuen.

10. Mit Minze und Zimtsahne servieren.

Tiroler Krapfen

(Birnen-Mohn-Krapfen)

Zubereitungszeit: **etwa 1½ Stunden**

Für 4 Personen (12 Krapfen)

	Krapfenteig
500 g	Mehl
60 ml	Öl
60 ml	lauwarme Milch
60 ml	lauwarmes Wasser
2	Eigelb
1	Ei
1 EL	Rum
1 EL	Zucker
1 Prise	Salz

	Füllung
2	Birnen oder Äpfel
1	Zitrone, Saft
30 g	Sultaninen
10 ml	Rum
50 g	Mohn, gemahlen
70 g	Honig
100 g	Topfen (Quark)
30 g	Brotbrösel

	Weiteres
	Backfett
2 EL	Staubzucker zum Bestreuen

Krapfenteig

1. Mehl, Öl, Milch, Wasser, Eigelb, Ei, Rum, Zucker und Salz vermischen und zu einem glatten Teig verkneten.

2. Zugedeckt etwa **20 Minuten** ruhen lassen.

Füllung

3. Birnen schälen, in kleine Würfel schneiden und mit etwas Zitronensaft beträufeln.

4. Sultaninen in Rum einweichen, dann mit Mohn, Honig und Topfen unter die Birnen mischen, eventuell mit Brotbröseln binden und etwas ziehen lassen.

Fertigstellung

5. Den Teig zu dünnen, ovalen Blättern (etwa 12 x 8 cm) ausrollen.

6. Die Füllung mit Hilfe eines Löffels oder Spritzsacks auf die Teigblätter geben.

7. Den Teig mit etwas Wasser bestreichen, zusammenklappen und die Teigränder gut zusammendrücken, eventuell mit einem Krapfenrad abrollen oder ausstechen.

8. Krapfen in sehr heißem Fett schwimmend bei rund **190 Grad** etwa **2 Minuten** backen.

9. Nach dem Herausnehmen mit Staubzucker bestreuen und servieren.

Tipp

* Zum Füllen der Krapfen eignet sich statt der Birnen auch eine Mohn- (siehe Seite 58) oder Kastanienfüllung oder Marmelade.

Straubenmit Preiselbeermarmelade

Zubereitungszeit: **etwa 30 Minuten**

Für 4 Personen

	Strauben
200 g	Mehl
250 ml	Milch
20 g	Butter, zerlassen
3	Eigelb
20 ml	Schnaps
3	Eiweiß
1 Prise	Salz
50 g	Zucker

	Weiteres
	Backfett
2 EL	Staubzucker zum Bestreuen
4 EL	Preiselbeermarmelade
4	Minzblätter

Strauben

1. Mehl mit Milch glatt rühren, danach Butter, Eigelb und Schnaps unterrühren.

2. Eiweiß und Salz leicht anschlagen, mit Zucker zu Eischnee schlagen und unter den Teig heben.

3. In einem flachen Kochtopf das Backfett auf etwa **170 Grad** erhitzen. Der Durchmesser des Topfs bedingt die Größe der Strauben, ideal sind etwa 25 cm.

4. Den Teig durch einen Straubentrichter von der Mitte aus kreisförmig in das heiße Fett einfließen lassen und auf beiden Seiten etwa **5 Minuten** goldgelb backen.

5. Strauben aus dem Fett nehmen und auf Küchenkrepp abtropfen lassen.

Fertigstellung

6. Strauben mit Staubzucker, Preiselbeermarmelade und Minze servieren.

Tipps

* Wenn Sie keinen Straubentrichter haben, können Sie den Teig auch durch einen Spritzsack in das Backfett fließen lassen.

* Sie können zu den Strauben Apfelmus, Birnenkompott, Quittenkompott usw. servieren.

Tiroler Gebackenes

Süßer Hefezopf

Zubereitungszeit: **etwa 1½ Stunden**

Für 1 Zopf (12 Stück)

	Zutaten
25 g	Hefe (1 Würfel)
1 EL	Zucker
200 ml	Milch
500 g	Mehl
80 g	Butter, zerlassen
70 g	Zucker
1	Ei
3	Eigelb
1 Pkg.	Vanillezucker
1 Msp.	Zitronenschale, gerieben
2 EL	Rum
7 g	Salz

	Weiteres
	Ei zum Bestreichen
	Hagelzucker zum Bestreuen

Zubereitung

1. Für das Dampfl die zerbröckelte Hefe und 1 Esslöffel Zucker zuerst mit der Milch vermischen. Alle Zutaten müssen lauwarm sein.

2. Das Dampfl **15 Minuten** zugedeckt bei maximal **35 Grad** aufgehen lassen.

3. Mehl, Butter, Zucker, Ei, Eigelb, Vanillezucker, Zitronenschale, Rum und Salz mit dem Dampfl vermischen und mit der Knetmaschine zu einem geschmeidigen Teig kneten.

4. Den Teig mit einem Tuch oder einer Folie zudecken, damit der Teig nicht austrocknet, dann mindestens **30 Minuten** aufgehen lassen.

5. Aus dem aufgegangenen Teig Stränge formen. Die Teigstränge zu 3er- oder 4er-Zöpfen verflechten (siehe Schritt für Schritt).

6. Auf ein Backblech geben und **30 Minuten** aufgehen lassen.

7. Den Zopf mit Ei bestreichen und mit Hagelzucker bestreuen, bei offenem Zug ohne Schwaden (ohne Dampfzufuhr) bei **180 Grad** etwa **40 Minuten** backen.

Tipp

* Diesen Hefeteig können Sie auch für Strudel, Krapfen oder Gebildegebäck verwenden, also etwa für einen Osterkranz, ein Allerheiligenpferd oder eine Henne.

Hefezopf mit drei Strängen

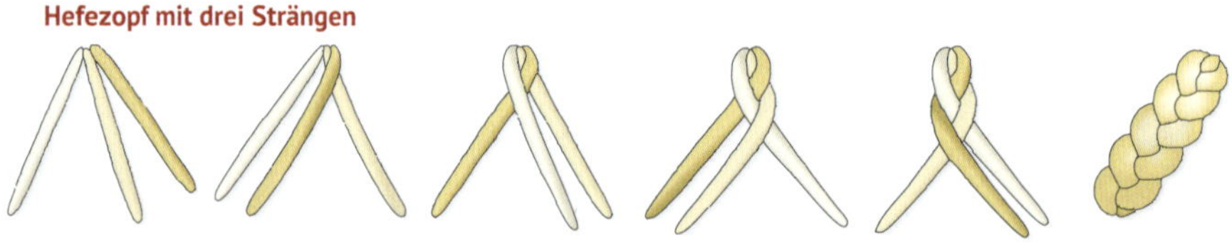

Hefezopf mit vier Strängen

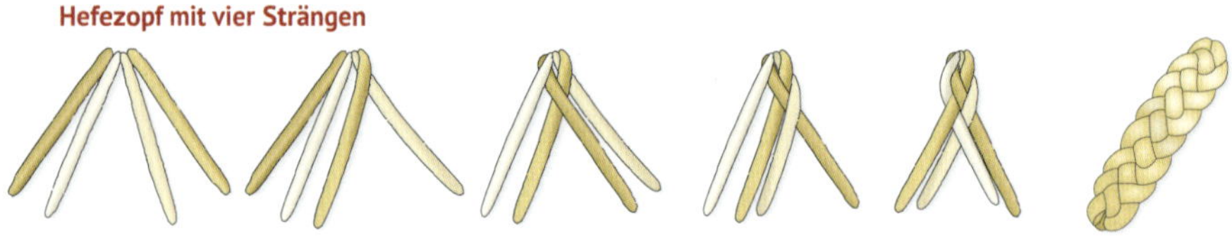

Apfelküchlein mit Likörcreme

(Apflkiechl)

Zubereitungszeit: **etwa 1 Stunde**

Für 4 Personen

	Likörcreme
130 ml	Sahne
2	Eiweiß
60 g	Zucker
1½ Blatt	Gelatine, in kaltem Wasser eingeweicht
3 EL	Kaffeelikör oder Apfellikör
	Apfelküchlein
2	mittelgroße Äpfel
2 EL	Zitronensaft
	Backteig
125 g	Mehl
125 ml	Milch oder Bier
2	Eigelb
½ Pkg.	Vanillezucker
1 EL	Öl
2	Eiweiß
1 Prise	Salz
1 EL	Zucker
	Weiteres
	Backfett
3 EL	Zucker
1 EL	Zimt zum Wälzen
	Himbeermark zum Servieren
	Himbeerblätter

Likörcreme

1. Sahne in einer Schüssel aufschlagen.

2. Eiweiß mit Zucker zu steifem Eischnee schlagen.

3. Gelatine ausdrücken und mit Kaffeelikör in einer Schüssel im warmen Wasserbad schmelzen.

4. Geschlagene Sahne, Kaffeelikör-Gelatinegemisch und Eischnee locker verrühren, abdecken und etwa **30 Minuten** kaltstellen.

Apfelküchlein

5. Äpfel schälen, mit dem Kernausstecher die Kerngehäuse entfernen und in 5 mm dicke Scheiben schneiden.

6. Mit Zitronensaft beträufeln und **10 Minuten** ziehen lassen.

Backteig

7. Mehl in eine Schüssel geben und mit Milch glatt rühren.

8. Eigelb, Vanillezucker und Öl einrühren.

9. Eiweiß mit Salz aufschlagen, mit Zucker zu Eischnee schlagen und unter den Backteig ziehen.

Fertigstellung

10. Die Apfelscheiben mit der Gabel in den Backteig tauchen und im heißen Fett bei etwa **180 Grad** schwimmend beidseitig hellbraun etwa **5 Minuten** backen.

11. Herausnehmen und auf Küchenkrepp abtropfen lassen.

12. Zucker mit Zimt vermischen, die Apfelküchlein darin wälzen, auf der Likörcreme anrichten und mit etwas Himbeermark und Himbeerblättern servieren.

Tipp

* Zu den Apfelküchlein passen auch Vanille- (siehe Seite 28) oder Zimtsauce und Zimteis.

Buchteln mit Vanillesauce

(Schritt für Schritt siehe Seite 17)

Zubereitungszeit: **etwa 1 Stunde**

Für 4 Personen (12 Buchteln)

	Buchteln
25 g	Hefe (1 Würfel)
40 g	Zucker
140 ml	lauwarme Milch
40 g	Butter, zerlassen
2	Eier
1 Pkg.	Vanillezucker
1 Msp.	Orangenschale, gerieben
1 Prise	Salz
1 TL	Rum
400 g	Mehl

	Weiteres
120 g	Marillenmarmelade zum Füllen
60 g	zerlassene Butter zum Tauchen der Buchteln
	Staubzucker zum Bestreuen

	Vanillesauce
250 ml	Milch
125 ml	Sahne
60 g	Zucker
1 Pkg.	Vanillezucker oder 1 Msp. Vanillemark
	Zitronenschale, gerieben
1 Prise	Salz
3	Eigelb
30 g	Speisestärke

Buchteln

1. Für das Dampfl in einer Schüssel zerbröckelte Hefe, Zucker und Milch vermischen.

2. Das Dampfl etwa **20 Minuten** zugedeckt bei maximal **35 Grad** gehen lassen.

3. Butter, Eier, Vanillezucker, Orangenschale, Salz, Rum und danach das Mehl dazugeben und vermischen.

4. Den Teig gut durchkneten bzw. schlagen, bis er Blasen wirft, erneut **30 Minuten** zugedeckt aufgehen lassen.

5. Den Teig mit einem Nudelholz auf etwa 1 cm austreiben und in 12 Quadrate schneiden, mit Marillenmarmelade füllen und gut verschließen.

6. Die Buchteln in zerlassene Butter tauchen und mit der Verschlussstelle nach unten nebeneinander in eine gebutterte Auflaufform setzen.

7. Mit einem Tuch bedeckt noch einmal an einem warmen Ort **20 Minuten** gehen lassen.

8. Im vorgeheizten Backofen bei **180 Grad** etwa **30 Minuten** backen.

Vanillesauce

9. Milch und Sahne mit Zucker, Vanillezucker, Zitronenschale und Salz zum Kochen bringen.

10. Eigelb mit Speisestärke in einer Schüssel verrühren, ins kochende Milchgemisch gießen und unter ständigem Rühren auf den Siedepunkt bringen.

11. Eventuell durch ein Sieb passieren, leicht auskühlen lassen.

Fertigstellung

12. Buchteln in der Form kurz auskühlen lassen, auf ein Backbrett stürzen, auseinandernehmen und noch warm mit Vanillesauce und Staubzucker servieren.

Kaiserschmarren mit Kirschkompott

Zubereitungszeit: **etwa 30 Minuten**

Für 4 Personen

	Kaiserschmarren
160 g	Mehl
200 ml	Milch
4	Eigelb
½ Pkg.	Vanillezucker
4	Eiweiß
1 Prise	Salz
40 g	Zucker
2 EL	Staubzucker

	Weiteres
	Öl zum Backen
	Butter zum Schwenken
	Staubzucker zum Bestreuen
150 g	Kirschkompott
	Minze

Kaiserschmarren

1. Mehl, Milch, Eigelb und Vanillezucker zu einem glatten Teig rühren.

2. Eiweiß und Salz aufschlagen, mit Zucker zu Eischnee schlagen und unter die Masse heben.

3. In einer großen Pfanne etwas Öl erhitzen, den Schmarrenteig eingießen und die Unterseite etwa **2 Minuten** goldgelb backen.

4. Anschließend die Pfanne in den auf **180 Grad** vorgeheizten Backofen stellen, den Schmarren etwa **3 Minuten** backen, bis die Teigoberfläche fest ist.

5. Die Pfanne aus dem Ofen nehmen, den Schmarren umdrehen und auf dem Herd etwa **2 Minuten** fertig backen.

6. Den Schmarren mit zwei Gabeln in Stücke reißen.

7. Mit etwas Staubzucker bestreuen, etwas Butter dazugeben und kurz schwenken, damit der Zucker karamellisiert.

8. Auf heißen Tellern anrichten, mit Staubzucker bestreuen, mit Kirschkompott und Minze servieren.

Tipps

* Der Schmarren kann auch nur auf dem Herd gebacken werden. Dafür müssen Sie die Hitze reduzieren und einen Deckel auf die Pfanne geben, bevor Sie den Schmarren wenden.

* Sie können zum Schmarren auch Preiselbeermarmelade oder Äpfel-, Birnen- oder Quittenkompott servieren.

Topfenknödel mit Marillenröster

Zubereitungszeit: **etwa 1 Stunde**

Für 4 Personen (8 Knödel)

	Topfenknödel
40 g	weiche Butter
1 Pkg.	Vanillezucker
1 Msp.	Zitronenschale, gerieben
1 Prise	Salz
200 g	Topfen (Quark)
2	Eier
100 g	Weißbrot, entrindet und fein gerieben
2 EL	Mehl

	Marillenröster
100 ml	Süßwein oder Apfelsaft
50 g	Zucker
1	kleines Stück Zimtrinde
4 Stück	Kardamom
300 g	Marillen (Aprikosen) in Spalten geschnitten

	Weiters
80 g	Weißbrotbrösel
50 g	Butter
1 Msp.	Zimt
50 g	Zucker

Topfenknödel

1. Weiche Butter, Vanillezucker, geriebene Zitronenschale und Salz schaumig rühren, Topfen und Eier dazugeben, zuletzt Brot und Mehl daruntermengen.

2. Die Topfenmasse wird nun etwa **1 Stunde** kaltgestellt.

3. Aus der Masse mit einem Eisportionierer oder Löffel Knödel formen.

4. Knödel in reichlich Salzwasser etwa **15 Minuten** kochen.

Marillenröster

5. Süßwein, Zucker, Zimtrinde und Kardamom aufkochen, die Marillenspalten dazugeben und etwa **5 Minuten** langsam dünsten, ohne dass die Marillen zerfallen.

Fertigstellung

6. Weißbrotbrösel in Butter leicht rösten, mit Zimt und Zucker vermischen.

7. Marillenröster im Teller anrichten, die Knödel daraufsetzen und mit den süßen Bröseln servieren.

Variationen

Marillenknödel: Sie können die Topfenknödel auch mit einer Marille füllen (Schritt für Schritt siehe Seite 17).

Zwetschgenknödel: Auch Zwetschgen eignen sich bestens zum Füllen der Topfenknödel.

Bratäpfel mit Karamellsauce

Zubereitungszeit: **etwa 40 Minuten**

Für 4 Personen

	Bratäpfel
4	reife Äpfel
4 TL	Zucker
2 TL	Zimt
2 EL	Zitronensaft
4 TL	Preiselbeermarmelade oder Johannisbeergelee
4 TL	Butter
20 g	Butter für die Form
1 EL	Mandelblättchen zum Bestreuen

	Karamellsauce
30 g	Zucker
40 g	Butter
100 ml	Sahne
50 ml	Milch
2	Eigelb
½ Pkg.	Vanillezucker
100 ml	geschlagene Sahne

Bratäpfel

1. Äpfel waschen und mit einem Apfelausstecher das Kerngehäuse herausstechen.

2. Den entstandenen Hohlraum mit der Mischung aus Zucker, Zimt, Zitronensaft, Preiselbeermarmelade und Butterstückchen füllen.

3. Eine feuerfeste Form mit Butter ausstreichen, die Äpfel hineinsetzen und mit Mandelblättchen bestreuen.

4. Im vorgeheizten Backofen bei **180 Grad** etwa **30 Minuten** braten.

Karamellsauce

5. Zucker mit Butter in einem schmalen Topf mit hohem Rand bis zur gewünschten Bräunung (hellbraun) karamellisieren lassen.

6. Mit flüssiger Sahne aufgießen und etwa **5 Minuten** einkochen lassen.

7. Milch, Eigelb und Vanillezucker in einer Schüssel verrühren und zum geschmolzenen Karamell schütten. Unter ständigem Rühren bis zum Siedepunkt erhitzen.

8. Abkühlen lassen, dabei ab und zu umrühren.

9. Geschlagene Sahne nach und nach unterheben.

Fertigstellung

10. Bratäpfel mit Karamellsauce anrichten und servieren.

Tipps

* Zur Abwechslung können Sie die Äpfel auch mit Sultaninen, Pinienkernen, gehackten Mandeln, Hasel- oder Walnüssen oder auch mit Rohmarzipan füllen und mit Rum oder Apfelschnaps parfümieren.

* Zu den Bratäpfeln servieren Sie Vanilleeis oder Vanillesauce (siehe Seite 28).

Brandteigkrapfen mit Schokomousse

(Windbeutel; Schritt für Schritt siehe Seite 16)

Zubereitungszeit: **etwa 1½ Stunden**

Für 4 Personen

	Brandteigkrapfen
60 ml	Wasser
60 ml	Milch
50 g	Butter
1 Prise	Salz
1 TL	Zucker
70 g	Mehl
2	Eier

	Schokomousse
120 g	Kuvertüre (Bitterschokolade)
2	Eigelb
20 g	Staubzucker
2 EL	Likör (z.B. Crème de Cacao)
200 ml	geschlagene Sahne
2 EL	Schokoladenspäne

	Vanillesahne
200 ml	Sahne
1 EL	Staubzucker
½ TL	Vanillemark oder 1 Pkg. Vanillezucker
2 EL	Rum

	Weiteres
	Staubzucker zum Bestreuen

Brandteigkrapfen

1. Wasser, Milch, Butter, Salz und Zucker in einem Topf kurz aufkochen lassen.

2. Mehl im Sturz (alles auf einmal) dazugeben und den Teig bei mittlerer Hitze mit einem Kochlöffel kräftig rühren, bis er sich vom Topfboden löst.

3. Etwas auskühlen lassen. Eier nach und nach unterrühren (das nächste Ei immer erst dazugeben, sobald sich das vorherige gut mit dem Teig verbunden hat).

4. Den Teig in einen Spritzsack mit Sterntülle füllen.

5. Ein Blech mit Backpapier auslegen, darauf mit dem Spritzsack Rosetten spritzen und bei **180 Grad** etwa **20 Minuten** backen. Danach bei ausgeschaltetem Backofen etwas trocknen lassen.

Schokomousse

6. Die Kuvertüre grob schneiden, in eine Stahlschüssel geben und im warmen Wasserbad (etwa 35 Grad) schmelzen lassen.

7. Eigelb mit Staubzucker und Likör im heißen Wasserbad warm schlagen, anschließend mit dem Schneebesen oder der Rührmaschine sofort kalt schlagen.

8. Die geschmolzene Kuvertüre zusammen mit der Eimasse verrühren und sofort Schlagsahne und Schokoladenspäne unterheben.

Vanillesahne

9. Sahne nicht zu steif schlagen, mit Staubzucker, Vanillemark und Rum abschmecken.

Fertigstellung

* Brandteigkrapfen mit einem Sägemesser in der Mitte durchschneiden, den unteren Teil des Krapfens üppig mit Schokomousse füllen und den Deckel daraufsetzen.
* Mit Vanillesahne servieren.

Palatschinken mit Preiselbeermarmelade

Zubereitungszeit: **etwa 20 Minuten**

Für 4 Personen (etwa 8 Stück)

	Palatschinken
100 g	Mehl
100 ml	Milch
1 EL	Zucker
1 Prise	Salz
3	Eier
	Füllung
100 g	Preiselbeermarmelade
	Weiteres
	Butter zum Backen
	Staubzucker zum Bestreuen

Palatschinken

1. Mehl mit Milch glatt rühren, Zucker, Salz und Eier unterrühren.

2. In einer Stielpfanne Butter erhitzen, den Teig hineingeben und dabei die Pfanne so bewegen, dass der Teig gleichmäßig verlaufen kann.

3. Die Palatschinken auf beiden Seiten backen.

Fertigstellung

4. Die gebackenen Palatschinken mit der Preiselbeermarmelade füllen, einrollen, mit Staubzucker bestreuen und noch warm servieren.

Tipps

* Anstelle der Preiselbeeren können Sie auch andere Marmeladen verwenden, also etwa Kirsch- oder Zwetschgenmarmelade.
* Man kann zu den Palatschinken auch Kompotte aus Äpfeln, Marillen, Pflaumen usw. servieren.

Variationen

Palatschinken mit Waldfrüchten: Wenn Sie die Palatschinken mit verschiedenen frischen Waldfrüchten füllen, servieren Sie dazu am besten Vanilleeis.

Schokoladen-Palatschinken: Warme Palatschinken mit Nougatcreme bestreichen, eventuell gehackte Walnüsse darauf verteilen, Palatschinken zusammenrollen, mit Zucker bestreuen und servieren.

Vinschger Schneemilch

Zubereitungszeit: **etwa 20 Minuten**

Für 4 Personen

	Zutaten
200 g	Hefezopf (siehe Seite 24) oder schnittfestes Weißbrot
200 g	Birnen, in kleine Würfel geschnitten (Pala- oder andere Birnen)
2 EL	Zucker
2 EL	Zitronensaft
10 g	Sultaninen
2 EL	Rum
250 ml	Sahne
40 g	Zucker

	Weiteres
50 g	Bitterschokolade (Kuvertüre), geraspelt, zum Bestreuen

Zubereitung

1. Hefezopf in mittelgroße Streifen oder Würfel schneiden und in eine Schüssel geben.

2. Birnen mit etwas Zucker und Zitronensaft etwa **5 Minuten** weichdünsten.

3. Sultaninen in Rum einweichen und zusammen mit den Birnen zum Hefezopf geben.

4. Sahne nur halb schlagen, mit Zucker vermischen und über die Schneemilch gießen, untermengen, mit geraspelter Schokolade bestreuen und servieren.

Tipps

* Damit sich die Bitterschokolade leichter raspeln lässt, kann man sie ins Gefrierfach legen.
* Anstelle der Birnen können Sie auch Äpfel verwenden.

Variation

Schnalser Variante: Für die Schnalser Variante der Schneemilch verwendet man ausschließlich entrindetes Weißbrot. Der süße Touch kommt auch hier von leicht geschlagener Sahne und Zucker, dazu werden Korinthen und Sultaninen verwendet. Für den Crunch sorgen Zirmnüsse, die Samen der Zirbelkiefer also, während Zitronenschale der Schnalser Schneemilch eine fruchtig-frische Note verleiht.

Buttermilchwaffeln mit Zimtsahne und Erdbeeren

Zubereitungszeit: **etwa 20 Minuten**

Für etwa 20 Stück

	Buttermilchwaffeln
60 g	weiche Butter
40 g	Zucker
½ Pkg.	Vanillezucker
1 Prise	Salz
2	Eier
125 g	Mehl
½ TL	Backpulver
100 ml	Buttermilch

	Zimtsahne
200 ml	geschlagene Sahne
2 EL	Staubzucker
½ TL	Zimt

	Weiteres
	Öl zum Backen
200 g	Erdbeeren, in Scheiben geschnitten
50 ml	Erdbeermark
	Minze zum Garnieren
	Staubzucker zum Bestreuen

Buttermilchwaffeln

1. Butter mit Zucker, Vanillezucker und Salz mit dem Schneebesen oder Rührgerät schaumig rühren und die Eier nach und nach einrühren.

2. Mehl und gesiebtes Backpulver mischen, nach und nach löffelweise abwechselnd mit der Buttermilch unter den Teig rühren.

3. Das vorgeheizte Waffeleisen mit Öl auspinseln.

4. Jeweils 1 Schöpflöffel Teig in die Mitte des heißen Waffeleisens geben und die Waffel etwa **4 Minuten** backen, bis sie goldbraun ist.

Zimtsahne

5. Sahne mit Staubzucker und Zimt vermischen.

Fertigstellung

6. Waffeln mit der Zimtsahne und den Erdbeeren füllen, mit Erdbeermark und Minze anrichten und mit Staubzucker bestreuen.

Variation

Topfen- oder Mascarponewaffeln: Sie können anstelle der Buttermilch auch Topfen oder Mascarpone verwenden, beide müssen Sie allerdings mit etwas Milch vermischen.

Südtiroler Scheiterhaufen

(Apfelauflauf)

Zubereitungszeit: **etwa 20 Minuten**

Für 4 Personen

	Zutaten
200 g	Äpfel
40 g	Haselnüsse oder Mandeln, grob gehackt
1 EL	Zucker
1 Msp.	Zitronenschale, gerieben
40 g	Hefezopf (siehe Seite 24) oder Weißbrot (einen Tag alt)
80 ml	Sahne
80 ml	Milch
2	Eier
2 EL	Zucker

	Weiteres
1 EL	cremige Butter zum Ausstreichen der Förmchen
2 EL	Brotbrösel zum Bestreuen
125 ml	Vanillesauce (siehe Seite 28)
	Erdbeerblüten zum Garnieren

Zubereitung

1. Äpfel schälen, vom Kerngehäuse befreien und feinblättrig schneiden.

2. Haselnüsse, Zucker und Zitronenschale mit den Äpfeln vermengen.

3. Hefezopf in kleine Würfel schneiden und zum Apfelgemisch geben.

4. Vier Auflaufförmchen mit Butter ausstreichen, mit Brotbröseln bestreuen und die Apfel-Brot-Mischung hineingeben.

5. Sahne, Milch, Eier und Zucker verrühren und gleichmäßig über den Scheiterhaufen gießen.

6. Einen Topf mit Backpapier auslegen, zwei Finger hoch heißes Wasser einfüllen, die Förmchen hineinstellen, in den auf **160 Grad** vorgeheizten Backofen geben und etwa **20 Minuten** backen.

7. In den Förmchen mit Vanillesauce servieren.

Tipps

* Den Scheiterhaufen können Sie auch in einer Bratreine oder feuerfesten Form ohne Wasserbad backen.
* Servieren Sie auch Zimtsahne dazu.

Kaffeecreme mit Himbeeren überbacken

Zubereitungszeit: **etwa 1 Stunde**

Für 4 Personen

	Kaffeecreme
150 g	Mascarpone
30 g	Speisestärke
40 g	Staubzucker
1	Eigelb
20 ml	Kaffeelikör
1 Pkg.	Vanillezucker
1 Msp.	Zitronenschale, gerieben
2	Eiweiß
50 g	Zucker

	Weiteres
400 g	Himbeeren
	Butter zum Bestreichen
	Staubzucker zum Bestreuen

Kaffeecreme

1. Mascarpone mit Speisestärke, Staubzucker, Eigelb, Kaffeelikör, Vanillezucker und Zitronenschale gut verrühren.

2. Eiweiß anschlagen und mit Zucker zu Eischnee schlagen.

3. Den Eischnee unter die Mascarponemasse heben.

Fertigstellung

4. Tiefe Teller mit Butter ausstreichen, die Kaffeecreme darauf verteilen und mit den Himbeeren belegen.

5. Bei starker Oberhitze im Backofen bei **220 Grad** etwa **2 Minuten** goldgelb überbacken.

6. Kaffeecreme mit Staubzucker bestreuen und rasch servieren.

Tipps

* Zur überbackenen Kaffeecreme passen Vanille- oder Früchteeis.
* Anstelle der Himbeeren können Sie auch Erdbeeren, Kirschen oder Waldbeeren verwenden.

Marmorkuchen

Zubereitungszeit: **etwa 1½ Stunden**

Für 1 Napfkuchenform (12 Stück)

	Zutaten
200 g	weiche Butter
160 g	Zucker
1 Pkg.	Vanillezucker
1 Msp.	Zitronenschale, gerieben
2 EL	Rum
6	Eigelb
6	Eiweiß
1 Prise	Salz
120 g	Zucker
280 g	Mehl
½ Pkg.	Backpulver
100 ml	Milch
20 g	Kakaopulver

	Weiteres
20 g	Butter für die Form
2 EL	Mehl für die Form
1 EL	Staubzucker zum Bestreuen
	geschlagene Sahne und grob gehackte Walnüsse zum Servieren

Zubereitung

1. Butter mit 160 g Zucker, Vanillezucker, Zitronenschale und Rum schaumig rühren.

2. Nach und nach Eigelb dazugeben und zu einer Schaummasse verrühren.

3. Eiweiß mit Salz leicht anschlagen und mit 120 g Zucker zu Eischnee schlagen.

4. Die Buttermasse mit gesiebtem Mehl und Backpulver vermischen, lauwarme Milch und Eischnee abwechselnd mit einem Holzlöffel unterheben.

5. Napfkuchenform mit Butter ausstreichen und mit Mehl bestäuben.

6. Gut die Hälfte des Teigs in die Form füllen.

7. Den restlichen Teig mit Kakaopulver dunkel färben.

8. Den dunklen Teig über die helle Teigmasse in die Form füllen und mit einer Gabel spiralförmig unterziehen, damit sich beide Teigsorten leicht vermischen. So entsteht das charakteristische Marmormuster.

9. Im vorgeheizten Backofen bei **160 Grad** etwa **1 Stunde** backen.

10. Den Kuchen in der Form kurz auskühlen lassen, auf ein Küchengitter stürzen und ganz erkalten lassen.

11. Mit Staubzucker bestreuen und mit Schlagsahne und gehackten Walnüssen servieren.

Marillen-Blechkuchen

Zubereitungszeit: **etwa 1 Stunde**

Für 1 Kuchenblech (12 Stück)

	Zutaten
200 g	weiche Butter
200 g	Zucker
1 Pkg.	Vanillezucker
1 Prise	Salz
1 Msp.	Zitronenschale, gerieben
4	Eier
200 g	Mehl
1 Pkg.	Backpulver
50 g	Haselnüsse, gerieben
12	Marillen (Aprikosen)

	Weiteres
	Butter und Mehl zum Ausstreichen des Backblechs
100 g	Marillenmarmelade zum Bestreichen
30 g	Pinienkerne oder Mandeln zum Bestreuen
2 EL	Zucker zum Bestreuen
	Borretschblüten zum Garnieren

Zubereitung

1. Butter, Zucker, Vanillezucker, Salz und Zitronenschale flaumig rühren.

2. Die verquirlten Eier nach und nach einrühren.

3. Mehl, Backpulver und Nüsse vermischen und unter die Buttermasse heben.

4. Die Masse gleichmäßig auf ein mit Butter ausgestrichenes und bemehltes Blech auftragen.

5. Marillen entsteinen, in Spalten schneiden, mit der Hautseite nach unten auf die Masse legen, mit etwas Zucker bestreuen und im auf **180 Grad** vorgeheizten Backofen etwa **30 Minuten** backen.

6. Nach dem Backen den Kuchen mit heißer, passierter Marillenmarmelade bestreichen und mit Pinienkernen bestreuen.

7. Den Kuchen in Stücke schneiden und mit geschlagener Sahne und eventuell Borretschblüten garniert servieren.

Tipp

* Alle Zutaten sollten Raumtemperatur haben, dann gelingt die Masse leichter und besser.

Variation

Kirsch-Blechkuchen: Anstelle der Marillen einfach Kirschen verwenden.

Apfelkuchen mit karamellisierten Pinienkernen

Zubereitungszeit: **etwa 1 Stunde**

Für 1 Kuchenform (16 Stück)

	Zutaten
125 g	weiche Butter
125 g	Zucker
3	Eier
2 EL	Rum
1 Prise	Salz
150 g	Mehl
50 g	Speisestärke
½ Pkg.	Backpulver
2 EL	Milch
700 g	Äpfel

	Weiteres
3 EL	Marillenmarmelade
30 g	karamellisierte Pinienkerne (Pinoli mit etwas Staubzucker karamellisieren)
	Butter und Mehl für die Form
	Zimtsahne zum Servieren

Zubereitung

1. Butter mit Zucker aufschlagen.

2. Eier nach und nach einrühren, Rum und Salz beigeben.

3. Mehl mit Speisestärke und Backpulver mischen, sieben und mit dem Holzlöffel untermengen.

4. Milch unter den Teig rühren, bis er weich vom Löffel fällt.

5. Den Teig in die Form füllen und glatt streichen.

6. Für den Belag die Äpfel schälen, halbieren, vom Kerngehäuse befreien und an der Rundung mehrmals einschneiden.

7. Die so vorbereiteten Äpfel mit der Rundung nach oben auf den Teig legen und bei **180 Grad** etwa **45 Minuten** backen.

8. Den Kuchen leicht auskühlen lassen und aus der Form nehmen.

Fertigstellung

9. Die Marillenmarmelade erwärmen, eventuell passieren und den Kuchen damit bestreichen.

10. Die karamellisierten Pinienkerne darüberstreuen und mit Zimtsahne servieren.

Tipps

* Wenn auch Kinder den Kuchen essen sollen, lassen Sie am besten den Rum weg.
* Sie können anstelle der Pinienkerne auch gehackte Mandeln oder Walnüsse auf den Kuchen streuen.

Zwetschgendatschi

(Schritt für Schritt siehe Seite 16)

Zubereitungszeit: **etwa 1 Stunde**

Für 1 Backblech (16 Stück)

	Hefeteig
350 g	Mehl
25 g	Hefe (1 Würfel)
125 ml	lauwarme Milch
60 g	Butter
60 g	Zucker
1 Pkg.	Vanillezucker
1 Prise	Salz
1	Ei
1 Msp.	Zitronenschale, gerieben

	Weiteres
1 ½ kg	Zwetschgen (entsteint gewogen)
4 EL	Zimtzucker (3 EL Zucker und 1 EL Zimt vermischt)
100 g	Marillenmarmelade zum Bestreichen
1 EL	Staubzucker zum Bestreuen
	Zimtsahne zum Servieren

Zubereitung

1. Mehl in eine Schüssel geben und in die Mitte eine Vertiefung drücken.

2. Hefe in der Milch auflösen und zum Mehl in die Schüssel gießen. Mit etwas Mehl bestäuben und **20 Minuten** zugedeckt bei maximal **35 Grad** an einem warmen Ort gehen lassen.

3. Butter schmelzen lassen und mit Zucker, Vanillezucker, Salz, Ei und Zitronenschale zum Mehl geben.

4. Teig mit dem Kochlöffel schlagen oder mit der Küchenmaschine (mit Knethaken) so lange kneten, bis er glatt und elastisch geworden ist, leicht mit Mehl bestäuben, mit einem Tuch abdecken und **20 Minuten** gehen lassen.

5. In der Zwischenzeit Zwetschgen waschen, abtrocknen, halbieren und entsteinen.

6. Fruchthälften einschneiden, damit sie sich flach auf den Teig legen lassen.

7. Zwetschgen mit etwas Zimtzucker bestreuen und etwa **10 Minuten** stehen lassen, damit sie Saft ziehen.

8. Den Teig auf einer bemehlten Arbeitsfläche etwa 5 mm dick (in Blechgröße) ausrollen und auf ein mit Backpapier ausgelegtes Backblech geben, nachformen, an den Rändern hochdrücken. Die Zwetschgen auf dem Teig schuppenförmig mit der Hautseite nach unten dicht aneinanderlegen.

9. Den belegten Teig noch einmal etwa **20 Minuten** gehen lassen, mit dem restlichen Zimtzucker bestreuen und im vorgeheizten Backofen bei **160 Grad** etwa **30 Minuten** backen.

10. Den noch heißen Kuchen mit Marillenmarmelade bestreichen, mit Staubzucker bestreuen und mit Zimtsahne servieren.

Tipp

* Verwenden Sie unbedingt reife Zwetschgen. Frühe, unreife Früchte geben zu viel Saft ab und haben zu wenig Aroma.

Trauben-Schoko-Kuchen

Zubereitungszeit: **etwa 1½ Stunden**

Für 1 Kranzform (12 Stück)

	Zutaten
250 g	weiche Butter
250 g	Zucker
4	Eier
200 g	Schokolade, grob gerieben
1 Pkg.	Backpulver
1 EL	Kakao
2 TL	Zimt
300 g	Mehl
100 g	Rosinen
1 Msp.	Zitronenschale, gerieben
1 Prise	Salz
250 ml	dunkler, kräftiger Traubensaft (auf 125 ml einkochen lassen)

	Weiteres
	Butter und Mehl für die Form
120 ml	zerlassene Schokolade (Kuvertüre) zum Übergießen

Zubereitung

1. Kranzform mit Butter ausstreichen und mit Mehl oder Nüssen bestreuen.

2. Butter mit Zucker schaumig rühren und Eier nach und nach einrühren.

3. Schokolade, Backpulver, Kakao, Zimt, Mehl und Rosinen dazugeben und alles gut verrühren.

4. Zitronenschale, Salz und 125 ml eingekochten Traubensaft unterrühren.

5. Die Masse in die Kranzform geben und im auf **180 Grad** vorgeheizten Backofen etwa **40 Minuten** backen.

Fertigstellung

6. Kuchen etwas auskühlen lassen, aus der Form nehmen und mit flüssiger Schokolade übergießen.

7. In Stücke schneiden und servieren.

Tipps

* Den Trauben-Schoko-Kuchen können Sie auch in einer Ringform backen.
* Lauwarm mit Mandarinenhalbgefrorenem oder Vanilleeis serviert, schmeckt der Kuchen besonders gut.
* Zu diesem Kuchen eignet sich ein starker Espresso als Begleitung. Auch ein Macchiato, ein Kaffee mit einem längeren Schuss Milch also, unterstreicht seinen Geschmack.

Mohn-Streusel-Kuchen

Zubereitungszeit: **etwa 1 Stunde**

Für 1 Kuchenform (16 Stück)

	Teig
500 g	Mürbteig (siehe Seite 68)
	getrocknete Linsen oder Bohnen zum Blindbacken

	Füllung
600 ml	Milch
100 g	Butter
100 g	Zucker oder Honig
1 Pkg.	Vanillezucker
1 Msp.	Zitronenschale, gerieben
1 Prise	Salz
140 g	Mohn, gerieben
50 g	Mandeln, gerieben
50 g	Brotbrösel
3 EL	Rum
30 g	Rosinen

	Streusel
130 g	Mehl
100 g	kalte Butter
100 g	Zucker
1 Pkg.	Vanillezucker
1 Msp.	Zimt
1 Prise	Salz

	Weiteres
	Marillenmarmelade zum Bestreichen
	Butter und Mehl für die Form
	Staubzucker zum Bestreuen
200 ml	Karamellsauce (siehe Seite 34) zum Servieren

Teig

1. Mürbteig 5 mm dick ausrollen und mit einem glatten Teigrad in der Größe der Form rund ausschneiden.

2. Den zurechtgeschnittenen Teig in die Form einlegen, den Teigrand 3 cm hochziehen und mit den Fingern am Rand festdrücken.

3. Mit einer Gabel den Teig einstechen, damit sich beim Backen keine Blasen bilden können. Den Teig mit Backpapier abdecken, mit getrockneten Linsen oder Bohnen füllen und im Backofen blind backen (etwa **15 Minuten** vorbacken).

Füllung

4. Milch, Butter, Zucker, Vanillezucker, Zitronenschale und Salz zugeben und alles aufkochen.

5. Mohn und Mandeln mit den Brotbröseln vermischen, zur Milch geben und **etwa 3 Minuten** abkochen.

6. Zum Schluss Rum und Rosinen dazugeben.

Streusel

7. Mehl auf ein Backbrett sieben und mit Butter, Zucker, Vanillezucker, Zimt und Salz zwischen den Handflächen krümelig verreiben.

Fertigstellung

8. Den gebackenen Mürbteig in der Form mit Marmelade bestreichen, Mohnmasse einfüllen und glatt streichen.

9. Die Streusel locker über die Mohnmasse verteilen und im vorgeheizten Backofen bei **180 Grad** etwa **40 Minuten** backen.

10. Erkalten lassen, aus der Form lösen, mit Staubzucker bestreuen und mit Karamellsauce servieren.

Schwarzbeerkuchen

Zubereitungszeit: **etwa 1½ Stunden**

Für 1 Kuchenform (12 Stück)

	Zutaten
150 g	weiche Butter
120 g	Zucker
1 Pkg.	Vanillezucker
1 Msp.	Zitronenschale, gerieben
1 EL	Mandellikör (Amaretto) oder Rum
4	Eigelb
4	Eiweiß
1 Prise	Salz
90 g	Zucker
210 g	Mehl
½ Pkg.	Backpulver
60 ml	Milch
150 g	Schwarzbeeren (Heidelbeeren)
2 EL	Mehl zum Bestreuen der Schwarzbeeren
30 g	Schokoperlen

	Weiteres
	Butter und Mehl für die Form
30 g	Mandelscheiben zum Bestreuen

Zubereitung

1. Kuchenform mit Butter ausstreichen und mit Mehl bestäuben.

2. Butter mit 120 g Zucker, Vanillezucker, Zitronenschale und Mandellikör schaumig rühren.

3. Nach und nach Eigelb dazugeben und zu einer Schaummasse verrühren.

4. Eiweiß mit Salz leicht anschlagen und mit 90 g Zucker zu Eischnee schlagen.

5. Die Buttermasse mit gesiebtem Mehl und Backpulver vermischen, lauwarme Milch und Eischnee abwechselnd mit einem Holzlöffel unterheben.

6. Schwarzbeeren mit etwas Mehl bestreuen und zusammen mit den Schokoperlen unter die Masse heben.

7. Den Teig in die Form füllen und mit den Mandelscheiben bestreuen.

8. Im vorgeheizten Backofen bei **160 Grad** etwa **40 Minuten** backen.

9. Den Kuchen in der Form kurz auskühlen lassen, aus der Form nehmen, in Stücke schneiden und servieren.

Tipp

* Den Schwarzbeerkuchen serviert man am besten mit geschlagener Vanillesahne.

Käsekuchen

Zubereitungszeit: **etwa 1½ Stunden**

Für 1 Kuchenform (12 Stück)

	Teig
3 EL	Zucker
2	Eier
80 g	weiche Butter
5 EL	Mehl
½ Pkg.	Backpulver

	Füllung
150 g	weiche Butter
100 g	Zucker
6	Eigelb
600 g	Topfen (Quark)
1 EL	Sultaninen
2 EL	Rum
1 Pkg.	Vanillezucker
½ Pkg.	Backpulver
3 EL	Speisestärke
2 EL	Zitronensaft
1 TL	Zitronenschale, gerieben
6	Eiweiß
1 Prise	Salz
100 g	Zucker

	Weiteres
	Butter und Mehl für die Form
	Ribiselgelee, Ribiseln (Rote Johannisbeeren) und Minze zum Garnieren

Teig

1. Zucker und Eier nach und nach mit dem Schneebesen in die Butter einrühren.

2. Mehl mit Backpulver vermischen und mit der Buttermasse verrühren.

3. Tortenform mit Butter ausstreichen und mit Mehl bestäuben. Den Teig in die Form füllen und an den Rändern 3–4 cm mit einem Löffel hochstreichen.

Füllung

4. Butter schaumig rühren. Zucker und Eigelb nach und nach einrühren.

5. Topfen, Sultaninen, Rum, Vanillezucker, Backpulver, Speisestärke, Zitronensaft und Zitronenschale untermischen.

6. Eiweiß mit einer Prise Salz leicht anschlagen und mit 100 g Zucker zu Eischnee schlagen.

7. Den Eischnee unter die Topfenmasse heben und in die mit Teig ausgestrichene Form füllen.

8. Im auf **180 Grad** vorgeheizten Backofen etwa **1 Stunde** backen.

9. Danach den Kuchen auf ein rundes Kuchengitter stürzen und auskühlen lassen.

10. Den Kuchen umdrehen, mit Staubzucker bestreuen, mit Ribiselgelee, Ribiseln und Minze servieren.

Tipp

* Den Käsekuchen können Sie noch warm mit einer **Staubzucker-Rum-Glasur** bestreichen. Dafür verrühren Sie 100 g Staubzucker mit 3 Esslöffel Rum.

Honig-Gewürz-Schnitte mit Birnenmus

Zubereitungszeit: **etwa 40 Minuten**

Für 1 Kastenform (12 Stück)

	Honig-Gewürz-Schnitte
180 g	weiche Butter
60 g	Honig
4	Eigelb
2 EL	Rum
1 Pkg.	Vanillezucker
1 Msp.	Zitronenschale, gerieben
4	Eiweiß
1 Prise	Salz
60 g	Honig
100 g	Mandeln, gerieben
70 g	Haselnüsse, gerieben
40 g	Mohn, gerieben
80 g	Biskuitbrösel oder Brotbrösel
40 g	Mehl
½ Pkg.	Backpulver
1 TL	Zimt
1 Msp.	Nelkenpulver
	Weiteres
	Butter und Mehl zum Ausstreichen und Bestreuen der Backform
	Staubzucker zum Bestreuen
	Birnenmus
300 g	Birnen, geschält und in Stücke geschnitten
50 ml	Weißwein oder Apfelsaft
2 EL	Zitronensaft
2 EL	Zucker

Honig-Gewürz-Schnitte

1. Butter mit Honig, Eigelb, Rum, Vanillezucker und Zitronenschale mit der Rührmaschine schaumig rühren.

2. Eiweiß mit Salz aufschlagen, Honig dazugeben und zu steifem Eischnee schlagen.

3. Mandeln, Haselnüsse, Mohn, Biskuitbrösel, Mehl, gesiebtes Backpulver, Zimt und Nelkenpulver mischen und zusammen mit dem Eischnee mit einem Kochlöffel abwechselnd unter die Eigelb-Butter-Masse heben.

4. Eine längliche Kastenform mit Butter ausstreichen und mit Mehl bestreuen.

5. Die Masse in die Form füllen und bei **180 Grad** etwa **60 Minuten** backen.

6. In der Form kurz abkühlen lassen und auf ein Kuchengitter oder eine Platte stürzen.

7. Den Kuchen mit Staubzucker bestreuen, in Stücke schneiden und mit Birnenmus servieren.

Birnenmus

8. Die Birnen mit Weißwein, Zitronensaft und Zucker etwa **5 Minuten** weich kochen und fein mixen.

Tipps

* Sie können auch 50 g grob geschnittene Schokolade unter die Masse mengen.
* Zur Honig-Gewürz-Schnitte passen auch Weinschaum oder Vanillesauce (siehe Seite 28).

Variation

Mit Apfelmus: Sollten Sie ein Apfel- dem Birnenmus vorziehen, verwenden Sie anstelle der Birnen Äpfel.

Linzer Schnitten

Zubereitungszeit: **etwa 1 Stunde**

Für 1 Backblech (16 Stück)

	Zutaten
300 g	weiche Butter
300 g	Zucker
1 Prise	Salz
1 Msp.	Zitronenschale, gerieben
1 Pkg.	Vanillezucker
3	Eier
1 Msp.	Zimt
1 Msp.	Nelkenpulver
1 EL	Rum
400 g	Mehl
250 g	Mandeln oder Haselnüsse, fein gerieben
1 Pkg.	Backpulver

	Weiteres
250 g	Preiselbeermarmelade
20 g	Butter für die Form
2 EL	Mehl für die Form
1	Ei zum Bestreichen
	Vanilleeis zum Servieren
	Gundelrebe zum Garnieren

Zubereitung

1. Butter mit Zucker, Salz, Zitronenschale und Vanillezucker mit dem Schneebesen oder dem Handrührgerät schaumig rühren.

2. Eier nach und nach unterrühren, Zimt, Nelkenpulver und Rum dazugeben.

3. Mehl, Mandeln und Backpulver vermischen und untermengen.

4. Etwa **30 Minuten** ruhen lassen.

5. Ein Backblech mit Butter ausstreichen und mit Mehl bestäuben.

6. Zwei Drittel des Teigs auf das Backblech legen, mit einer Teigkarte glatt streichen und mit Preiselbeermarmelade dick bestreichen, dabei am Rand einen fingerbreiten Streifen freilassen.

7. Den restlichen Teig in einen Spritzsack füllen (glatte Tülle Nr. 5), gitterartig auf dem Teig auf dem Backblech verteilen und mit Ei bestreichen.

8. Im vorgeheizten Backofen bei **180 Grad** etwa **30 Minuten** backen.

Fertigstellung

9. Erkalten lassen, in Stücke schneiden und mit Vanilleeis, Gundelrebe und Kornblumen servieren.

Tipps

* Sollten Sie keine Preiselbeermarmelade zur Hand haben, passt auch Johannisbeermarmelade.
* Am besten schmecken die Linzer Schnitten am Tag nach dem Backen.

Apfelstrudel

(Schritt für Schritt siehe Seite 16)

Zubereitungszeit: **etwa 1 Stunde**

Für 1 Strudel (12 Stück)

	Mürbteig
300 g	Mehl
200 g	Butter
100 g	Staubzucker
2	Eigelb
1 Pkg.	Vanillezucker
1 Msp.	Zitronenschale, gerieben
1 Prise	Salz

	Füllung
600 g	Äpfel
50 g	Zucker
50 g	Brotbrösel, in etwas Butter geröstet
40 g	Sultaninen
20 g	Pinienkerne
2 EL	Rum
1 Pkg.	Vanillezucker
1 Msp.	Zimt
1 Msp.	Zitronenschale, gerieben

	Weiteres
1	Ei zum Bestreichen
1 EL	Staubzucker zum Bestreuen
	Vanillesahne mit Zimt und Minzstreifen zum Servieren

Mürbteig

1. Mehl auf ein Backbrett sieben und in die Mitte eine Vertiefung drücken.

2. Butter in Würfel schneiden und mit Staubzucker, Eigelb, Vanillezucker, Zitronenschale und Salz in die Teigvertiefung geben. Verkneten, bis keine Butterstücke mehr zu sehen sind und sich ein glatter Teig ergibt.

3. In Klarsichtfolie wickeln und etwa **30 Minuten** kaltstellen.

Füllung

4. Äpfel schälen und entsteinen, in kleine Scheiben schneiden und mit Zucker, Brotbröseln, Sultaninen, Pinienkernen, Rum, Vanillezucker, Zimt und Zitronenschale mischen.

Fertigstellung

5. Den Teig auf einer bemehlten Arbeitsfläche 40 x 26 cm groß ausrollen und den Teig auf ein eingefettetes oder mit Papier ausgelegtes Backblech legen.

6. Die Apfelfüllung auf den Teig geben und mit dem Teig einschlagen.

7. Ein Ei verquirlen, den Strudel damit bestreichen und im auf **180 Grad** vorgeheizten Backofen etwa **35 Minuten** backen.

8. Mit Staubzucker bestreuen, mit Vanillesahne, Zimt und Minzstreifen servieren.

Tipps

* Anstelle des Mürbteigs können Sie auch 300 g Blätterteig verwenden.
* Der Strudel wird klassischerweise mit Vanillesauce (siehe Seite 28) oder geschlagener Sahne serviert.
* Sie können zwei Längsstreifen vom Teig abschneiden und den Strudel vor dem Backen damit verzieren.

Rahmstrudel mit Erdbeeren

Zubereitungszeit: **etwa 1½ Stunden**

Für 1 Strudel (12 Stück)

	Ziehteig
150 g	Mehl
60 ml	lauwarmes Wasser
½	Ei (30 ml)
1 TL	Öl
1 Prise	Salz
½ TL	Weißweinessig

	Füllung
50 ml	Milch
1 Pkg.	Vanillezucker
4	entrindete Scheiben Toastbrot, in Würfel geschnitten
70 g	weiche Butter
50 g	Zucker
1 Msp.	Zitronenschale, gerieben
2	Eigelb
350 g	Topfen (Quark)
30 g	Mehl
2	Eiweiß
1 Prise	Salz
60 g	Zucker

	Eierguss
200 ml	Milch
2	Eier
2 EL	Zucker

	Weiteres
50 g	Butter, zerlassen
250 g	Erdbeeren, in Spalten geschnitten, mit 3 EL Erdbeermark und 2 EL Staubzucker mariniert
	Staubzucker zum Bestreuen

Ziehteig

1. Mehl und Wasser mit Ei, Öl, Salz und Weißweinessig in einer Schüssel vermischen, dann auf einer Arbeitsfläche zu einem glatten Teig verkneten.

2. Den Teig mit etwas Öl bestreichen und zugedeckt etwa **30 Minuten** bei Zimmertemperatur ruhen lassen.

Füllung

3. Milch mit Vanillezucker aufkochen und über das Toastbrot gießen.

4. Butter, Zucker und Zitronenschale schaumig rühren.

5. Eigelb und Topfen beigeben, glatt rühren und das Mehl untermischen.

6. Eiweiß und Salz aufschlagen, Zucker einrühren und zu Eischnee schlagen.

7. Den Eischnee zusammen mit dem eingeweichten Brot unter die Topfenmasse heben.

Eierguss

8. Für den Eierguss Milch, Eier und Zucker vermischen.

Fertigstellung

9. Ziehteig auf einem bemehlten Tuch mit dem Nudelholz dünn austreiben und mit den Handrücken hauchdünn ausziehen (etwa 80 x 50 cm).

10. Topfenmasse auf zwei Dritteln des Teigs verstreichen, das restliche Strudelblatt mit zerlassener Butter bestreichen, die dicken Teigränder abschneiden und den Strudel mit Hilfe des Tuchs einrollen.

11. Den Strudel eventuell halbieren oder wie eine Spirale in die vorbereitete feuerfeste Form heben.

12. In der Form den Strudel mit Butter bestreichen und mit dem Eierguss übergießen.

13. Bei **160 Grad** etwa **40 Minuten** backen.

14. Mit Erdbeeren, Gundelrebe und Kornblumen anrichten, mit Staubzucker bestreuen und servieren.

Mohn-Ricotta-Strudel

Zubereitungszeit: **etwa 1½ Stunden**

Für 1 Strudel (12 Stück)

	Füllung
80 g	weiche Butter
250 g	Ricotta
2	Eier
100 g	Zucker
1 Msp.	Zitronenschale, gerieben
2 EL	Rum
1 Pkg.	Vanillezucker
100 g	Mohn, gemahlen und geröstet
20 g	Speisestärke

	Weiteres
500 g	Hefeteig (siehe Seite 24, Hefezopf)
1	Eigelb zum Bestreichen
1 EL	Milch zum Bestreichen
100 g	heiße Marillenmarmelade oder heißer Zuckersirup zum Bestreichen (50 g Zucker mit 50 ml Wasser aufkochen)
	Zimtsahne zum Servieren

Zubereitung

1. Für die Füllung Butter mit dem Schneebesen schaumig rühren, Ricotta, Eier, Zucker, Zitronenschale, Rum und Vanillezucker unterrühren.

2. Mohn und Speisestärke einarbeiten.

Fertigstellung

3. Hefeteig dünn ausrollen, das Teigblatt mit der Ricottamasse bestreichen. Eigelb und Milch verquirlen und die Teigränder mit dem Eigelb-Milch-Gemisch bestreichen.

4. Den Strudel einrollen, mit einem scharfen Messer der Länge nach in drei Stränge schneiden und diese locker zu einem Zopf flechten.

5. Den Strudel auf ein Backblech mit Backpapier legen, mit Eigelb-Milch-Gemisch bestreichen und etwa **35 Minuten** an einem warmen Ort aufgehen lassen.

6. Im auf **180 Grad** vorgeheizten Backofen etwa **45 Minuten** hellbraun backen.

7. Nach dem Backen mit heißer Marillenmarmelade oder Zuckersirup bestreichen.

8. Den Strudel etwas auskühlen lassen, in Scheiben schneiden und mit Zimtsahne servieren.

Tipp

* Servieren Sie zum Strudel Erdbeersauce, Vanillesauce (siehe Seite 28) oder Weinschaum.

Käsesahnetorte mit Himbeeren

Zubereitungszeit: **etwa 1½ Stunden**

Für 1 Torte (16 Stück)

	Biskuit
8	Eier
300 g	Zucker
1 Msp.	Zitronenschale, gerieben
1 Pkg.	Vanillezucker
250 g	Mehl
50 g	Speisestärke
1 Prise	Salz

	Käsesahnefüllung
5	Eigelb
250 g	Zucker
200 ml	Milch
1 Prise	Salz
1 Pkg.	Vanillezucker
1 Msp.	Zitronenschale, gerieben
1	Zitrone, Saft
6 Blatt	Gelatine, in kaltem Wasser eingeweicht
500 g	Topfen (Quark)
3 EL	Rum
300 ml	geschlagene Sahne
200 g	Himbeeren

	Weiteres
1 EL	Staubzucker zum Bestreuen
	Himbeeren zum Servieren

	Weiteres
	Butter und Mehl für die Form

Biskuit

1. Eier, Zucker, Zitronenschale und Vanillezucker im heißen Wasserbad mit dem Schneebesen oder Rührgerät warm schlagen (40 Grad), danach die Eiermasse kalt schlagen, bis sie dickcremig ist.

2. Das gesiebte Mehl mit der Speisestärke und einer Prise Salz vermischen und vorsichtig mit einem Kochlöffel unter die Eiermasse heben.

3. In die Kuchenform geben, glatt streichen und im auf **180 Grad** vorgeheizten Backofen etwa **40 Minuten** backen.

Käsesahnefüllung

4. Eigelb, Zucker, Milch, Salz, Vanillezucker, Zitronenschale und Zitronensaft in eine Schüssel geben und im Wasserbad auf etwa **82 Grad** aufschlagen. Gelatine ausdrücken, unter die heiße Masse rühren und etwas abkühlen lassen.

5. Topfen unterrühren, Rum dazugeben und auf **10 Grad** abkühlen (bis die Masse geliert).

6. Sahne nach und nach unterheben.

Fertigstellung

7. Den Tortenboden einmal quer durchschneiden, dabei das Deckblatt etwas dünner schneiden.

8. Einen Tortenring um den Tortenboden legen, auf diesem die Käsesahnefüllung gleichmäßig verteilen und mit Himbeeren bestreuen.

9. Das Deckblatt in 16 Stücke teilen, auf die Füllung legen und leicht andrücken.

10. Die Torte mindestens **2 Stunden** im Kühlschrank ruhen lassen.

11. Den Tortenring entfernen, die Torte mit Staubzucker bestreuen.

12. In Stücke schneiden und eventuell mit Himbeeren servieren.

Kastanienreis-Torte

Zubereitungszeit: **etwa 1 Stunde**

Für 1 Kuchenform (12 Stück)

	Kastanienkuchen
200 g	weiche Butter
90 g	Zucker
6	Eigelb
1 Msp.	Zitronenschale, gerieben
1 Pkg.	Vanillezucker
1 Pkg.	Backpulver
60 g	Mehl
180 g	Haselnüsse, gerieben
200 g	Kastanien, gekocht und passiert
6	Eiweiß
90 g	Zucker

	Kastanienreis
300 g	Kastanien, geschält
300 g	Milch
80 g	Staubzucker
3 EL	Rum

	Weiteres
	Butter und Mehl für die Form
200 g	Preiselbeermarmelade zum Füllen
200 ml	geschlagene Sahne

Kastanienkuchen

1. Butter und Zucker mit der Rührmaschine schaumig rühren.

2. Eigelb nach und nach dazugeben, dann geriebene Zitronenschale, Vanillezucker, Backpulver, Mehl, Haselnüsse und passierte Kastanien gut unterrühren.

3. Eiweiß mit Zucker zu Eischnee schlagen und unterheben.

4. Kuchenform leicht mit weicher Butter bestreichen und mit Mehl bestreuen.

5. Die Masse in die Kuchenform geben, gleichmäßig verteilen und bei **160 Grad** etwa **40 Minuten** backen.

Kastanienreis

6. Kastanien mit Milch und Staubzucker etwa **30 Minuten** kochen. Mit Rum vermischen und mit der Kartoffelpresse passieren.

Fertigstellung

7. Den Kuchen auskühlen lassen, halbieren und mit Preiselbeermarmelade füllen.

8. Mit Schlagsahne bestreichen und mit Kastanienreis bestreuen.

Tipp

* Den Kastanienkuchen können Sie auch mit Marillenmarmelade füllen.

Erdbeerschnitte

Zubereitungszeit: **etwa 1 Stunde**

Für 1 Schnitte (18 cm Ø, 10 Stück)

	Vanillecreme
250 ml	Milch
1 Pkg.	Vanillezucker
1 Msp.	Zitronenschale, gerieben
1 Prise	Salz
2	Eigelb
60 g	Zucker
30 g	Speisestärke
2 Blatt	Gelatine, in kaltem Wasser eingeweicht
200 ml	geschlagene Sahne

	Weiteres
1	Biskuit (siehe Seite 90)
100 g	Erdbeermarmelade zum Bestreichen
1 Pkg.	Tortengelee
400 g	Erdbeeren, in Spalten geschnitten
100 ml	geschlagene Sahne zum Bestreichen
80 g	geröstete Mandelscheiben zum Garnieren

Vanillecreme

1. 200 ml Milch mit Vanillezucker, geriebener Zitronenschale und Salz zum Kochen bringen.

2. In einer Schüssel die restlichen 50 ml Milch mit Eigelb, Zucker und Speisestärke verrühren.

3. Die kochende Milch in die Eiermasse rühren, wieder in den Kochtopf zurückschütten und unter ständigem Rühren **etwa 3 Minuten** kochen. Die eingeweichten Gelatineblätter in die heiße Masse einrühren.

4. Die Creme auskühlen lassen, dabei ab und zu umrühren.

5. Sahne unter die erkaltete Creme heben.

Fertigstellung

6. Biskuit in drei gleich große Rechtecke schneiden, eines in eine rechteckige Form legen und die Hälfte der Vanillecreme darauf verteilen.

7. Ein zweites Biskuitblatt darauflegen, wiederum mit Vanillecreme auffüllen und mit einem dritten Blatt abdecken.

8. Anschließend für mindestens **30 Minuten** im Kühlschrank stocken lassen.

9. Mit passierter Erdbeermarmelade dünn bestreichen und mit Erdbeeren belegen.

10. Das Tortengelee nach Angabe der Verpackung vorbereiten.

11. Erdbeeren mit dem Tortengelee bestreichen.

12. Die Ränder der Schnitte mit Schlagsahne bestreichen und mit gerösteten Mandelscheiben garnieren.

13. Gut kühlen lassen, portionieren und servieren.

Sachertorte

Zubereitungszeit: **etwa 1½ Stunden**

Für 1 Torte (16 Stück)

	Torte
100 g	Bitterschokolade (Kuvertüre)
200 g	weiche Butter
90 g	Zucker
70 g	Rohmarzipan
30 ml	Rum
1 Pkg.	Vanillezucker
5	Eigelb
5	Eiweiß
1 Prise	Salz
100 g	Zucker
200 g	Mehl
1 Pkg.	Backpulver
40 g	Kakaopulver

	Schokoladenglasur
100 g	Butter, zerlassen
120 g	Bitterschokolade (Kuvertüre), geschmolzen

	Weiteres
2 EL	Rum
50 ml	Läuterzucker (25 g Zucker und 25 ml Wasser aufkochen)
250 g	Marillenmarmelade
2 EL	Butter für die Form
2 EL	Mehl für die Form
200 ml	geschlagene Sahne zum Servieren

Torte

1. Bitterschokolade klein aufschneiden und in einer Schüssel über dem heißen Wasserbad schmelzen lassen.
2. Butter mit 90 g Zucker, in Würfel geschnittenem Rohmarzipan, Rum, Vanillezucker und Eigelb schaumig rühren. Anschließend die geschmolzene Kuvertüre einrühren.
3. Eiweiß mit Salz und 100 g Zucker zu Eischnee schlagen und unter die Buttermasse heben.
4. Mehl mit Backpulver und Kakaopulver vermischen, sieben und ebenfalls unterheben.
5. Eine Tortenform mit Butter ausstreichen und mit Mehl bestäuben, die Masse einfüllen und im auf **170 Grad** vorgeheizten Backofen etwa **45 Minuten** backen.

Schokoladenglasur

6. Zerlassene Butter mit geschmolzener Bitterschokolade verrühren.

Fertigstellung

7. Den Sacherboden zwei- oder dreimal quer durchschneiden.
8. Die Böden mit Rum und Läuterzucker tränken und mit Marillenmarmelade bestreichen.
9. Die Böden wieder zusammensetzen, die Torte mit Marillenmarmelade bestreichen und auf einem Tortengitter mit Schokoladenglasur überziehen.
10. Schokoladenglasur stocken lassen, die Torte in Stücke schneiden und mit geschlagener Sahne servieren.

Karotten-Nougatsahne-Torte

Zubereitungszeit: **etwa 1 Stunde**

Für 1 Kuchenform (28 cm Ø, 12 Stück)

	Karottenkuchen
6	Eigelb
100 g	Zucker
1 Msp.	Zitronenschale, gerieben
350 g	Karotten, fein geraspelt
250 g	Haselnüsse oder Mandeln, gerieben
50 g	Mehl
½ Pkg.	Backpulver
1 Msp.	Zimt
6	Eiweiß
1 Prise	Salz
100 g	Zucker

	Nougatcreme
1	Ei
2	Eigelb
60 g	Zucker
4 Blatt	Gelatine, in kaltem Wasser eingeweicht
2 EL	Crème de Cacao oder Rum
150 g	Nougat, geschmolzen, oder Nougatcreme
500 ml	leicht geschlagene Sahne

	Weiteres
	Butter und Mehl für die Form
100 g	gehackte, geröstete Haselnüsse zum Bestreuen
12	geröstete Haselnüsse zum Garnieren

Karottenkuchen

1. Eigelb mit Zucker und Zitronenschale schaumig rühren.

2. Karotten etwas ausdrücken und mit Haselnüssen, Mehl, Backpulver und Zimt vermischen.

3. Eiweiß mit Salz leicht anschlagen, Zucker löffelweise einrieseln lassen und zu steifem Eischnee schlagen.

4. Ei-Zucker-Masse und Eischnee mischen und das Karotten-Nuss-Gemisch locker unterheben.

5. Die Masse in eine mit Butter ausgestrichene und mit Mehl bestäubte Tortenform füllen und glatt streichen.

6. Im auf **180 Grad** vorgeheizten Backofen etwa **50 Minuten** backen.

7. Nach dem Backen auskühlen lassen und aus der Form lösen.

Nougatcreme

8. Ei und Eigelb mit Zucker im heißen Wasserbad zuerst warm schlagen, anschließend mit dem Schneebesen oder der Rührmaschine sofort kalt schaumig schlagen.

9. Gelatine ausdrücken und mit Crème de Cacao in einer Schüssel im warmen Wasserbad schmelzen.

10. Nougat zusammen mit Crème-de-Cacao-Gelatine-Gemisch in die Eischaummasse rühren, etwas stocken lassen und die leicht geschlagene Sahne unterheben.

Fertigstellung

11. Den Karottenkuchen einmal in der Mitte durchschneiden.

12. Mit Nougatcreme füllen, zusammensetzen, mit Creme einstreichen. Mit den gerösteten Haselnüssen den Rand der Torte bestreuen.

13. Mit Nougatcremerosetten und Haselnüssen garnieren und servieren.

Tipps

* Die Torte kann mit Marzipankarotten dekoriert werden.
* Sie können die Masse auch in einer Rehrückenform backen.

Schwarzwälder Kirschtorte

Zubereitungszeit: **etwa 1½ Stunden**

Für 1 Torte (28 cm Ø, 16 Stück)

	Schokobiskuit
8	Eier
300 g	Zucker
1 Pkg.	Vanillezucker
1 Msp.	Zitronenschale, gerieben
250 g	Mehl
50 g	Speisestärke
50 g	Kakaopulver
30 g	Butter, zerlassen
1 Prise	Salz

	Weiteres
	Butter und Mehl für die Form
70 ml	Läuterzucker (20 g Zucker mit 50 ml Wasser aufkochen) zum Befeuchten der Torte
4 EL	Amarenasirup (Saft der eingelegten Kirschen)
20 ml	Kirschwasser oder Rum
500 ml	Sahne
20 g	Staubzucker
150 g	Amarenakirschen
100 g	Bitterschokolade (Kuvertüre) zum Bestreuen
16	Amarenakirschen zum Garnieren

Schokobiskuit

1. Eier mit Zucker, Vanillezucker und Zitronenschale mit der Rührmaschine schaumig rühren.

2. Mehl mit Speisestärke und Kakaopulver sieben und mit einem Kochlöffel unter die schaumige Eiermasse heben.

3. Zuletzt die warme zerlassene Butter langsam unterziehen.

4. Die Masse in die Form füllen, die Oberfläche glatt streichen und im auf **180 Grad** vorgeheizten Backofen etwa **40 Minuten** backen.

Fertigstellung

5. Schokobiskuit zweimal quer durchschneiden und mit Läuterzucker, Kirschwasser und etwas Amarenasirup beträufeln.

6. Sahne steif schlagen und mit Staubzucker süßen.

7. Den Biskuitboden mit etwas Sahne bestreichen und mit einigen Kirschen belegen, dann den zweiten Boden daraufsetzen, mit einem weiteren Teil der Sahne bestreichen und wiederum mit Kirschen belegen.

8. Mit dem dritten Biskuitboden abschließen und die Torte mit Sahne einstreichen.

9. Von der Bitterschokolade mit einem kleinen Messer Splitter abschaben und über die gesamte Torte verteilen.

10. Restliche Sahne in einen Spritzbeutel mit mittlerer Sterntülle füllen, Sahnerosetten aufspritzen und mit den restlichen Kirschen garnieren.

Tipp

* Anstelle der Amarenakirschen können Sie auch ein Kirschkompott verwenden.

Buchweizentorte

(Schwarzpolentatorte)

Zubereitungszeit: **etwa 1 Stunde**

Für 1 Tortenform (12 Stück)

	Zutaten
200 g	weiche Butter
100 g	Zucker
6	Eigelb
200 g	Buchweizenmehl
200 g	Haselnüsse, gerieben
2	Äpfel, grob gerieben
1 Pkg.	Backpulver
1 Msp.	Zitronenschale, gerieben
6	Eiweiß
100 g	Zucker

	Weiteres
	Butter und Mehl für die Form
250 g	Preiselbeermarmelade
1 EL	Staubzucker zum Bestreuen

Zubereitung

1. Butter mit 100 g Zucker schaumig rühren.

2. Eigelb nach und nach unterrühren, Buchweizenmehl, Nüsse, Äpfel, Backpulver und Zitronenschale untermischen.

3. Eiweiß mit 100 g Zucker zu Eischnee schlagen und unter die Buttermasse heben.

4. Die Masse in eine mit Butter ausgestrichene und bemehlte Tortenform geben und im vorgeheizten Backofen bei **180 Grad** etwa **40 Minuten** backen.

5. Die Buchweizentorte in der Mitte durchschneiden, mit Preiselbeermarmelade füllen, mit Staubzucker bestreuen und servieren.

Tipp

* Anstatt der Preiselbeermarmelade eignet sich auch Preiselbeersahne (150 ml geschlagene Sahne mit 100 g Preiselbeermarmelade vermischt) als Füllung für die Torte.

Dinkelroulade mit Ribiselgelee

Zubereitungszeit: **etwa 40 Minuten**

Für 1 Roulade (12 Stück)

	Dinkelroulade
4	Eigelb
30 g	Honig, erwärmt
4	Eiweiß
40 g	Zucker
70 g	mittelfeines Dinkelmehl
20 g	Mehl
1 Pkg.	Vanillezucker
1 Msp.	Zimt

	Füllung
200 g	Ribiselgelee (Rote-Johannisbeeren-Gelee)
250 ml	geschlagene Sahne zum Füllen und Garnieren

	Weiteres
50 g	Ribiseln zum Garnieren
	Minzblätter

Dinkelroulade

1. Eigelb und erwärmten Honig cremig rühren.

2. Eiweiß leicht anschlagen, Zucker einrieseln lassen und zu Eischnee schlagen.

3. Eigelb-Honig-Masse unter den Eischnee heben.

4. Dinkelmehl und Mehl vermischen und zusammen mit Vanillezucker und Zimt unter die Masse heben.

5. Rouladenmasse fingerdick auf ein mit Backpapier ausgelegtes Backblech streichen und im vorgeheizten Backofen bei **200 Grad** etwa **5 Minuten** backen.

6. Biskuit aus dem Backofen nehmen und mit der Oberfläche nach unten auf ein mit Zucker bestreutes Küchentuch stürzen. Das Backpapier vorsichtig abziehen.

Füllung

7. Dinkelbiskuit mit Ribiselgelee bestreichen, die geschlagene Sahne auf das Ribiselgelee streichen, straff einrollen und kalt stellen.

Fertigstellung

8. Die Roulade mit etwas Sahne, Ribiseln und Minze garnieren. In Scheiben schneiden und servieren.

Variationen

Buchweizenroulade: Anstelle des Dinkelmehls verwenden Sie Buchweizenmehl.

Mohnroulade: Ersetzen Sie das Dinkelmehl im Rezept einfach durch fein gemahlenen Mohn.

Biskuitroulade mit Schwarzbeerfüllung

(Schritt für Schritt siehe Seite 16)

Zubereitungszeit: **etwa 40 Minuten**

Für 1 Biskuitroulade (12 Stück)

	Biskuit
6	Eier
120 g	Zucker
100 g	Mehl
1 Prise	Salz
30 g	Speisestärke
1 Pkg.	Vanillezucker
1 Msp.	Zitronenschale, fein gerieben

	Weiteres
250 ml	Sahne
40 g	Staubzucker
3 Blatt	Gelatine, in kaltem Wasser eingeweicht
2 EL	Rum
200 g	Blaubeeren
	Staubzucker zum Bestreuen
	Gundelrebe oder Minze zum Garnieren

Biskuit

1. Eier und Zucker im Rührgerät schaumig rühren.

2. Mehl, Salz und Speisestärke mischen, mit Vanillezucker und Zitronenschale rasch unter die Eimasse heben.

3. Backblech mit Backpapier auslegen, die Masse gleichmäßig fingerdick auftragen und sofort im vorgeheizten Backofen bei **200 Grad** etwa **5 Minuten** backen.

4. Ein Küchentuch mit Zucker bestreuen, die Biskuitroulade auf das Tuch stürzen, das Papier abziehen und den Rouladenboden auskühlen lassen.

5. Den Biskuit in zwei gleich große Rechtecke schneiden.

Schwarzbeerfüllung

6. Sahne nicht zu steif schlagen.

7. Gelatine ausdrücken und mit Rum in einer Schüssel im warmen Wasserbad schmelzen.

8. Sahne (etwas Sahne zum Garnieren beiseitestellen), Staubzucker und aufgelöste Gelatine mit Rum unterrühren und mit den Schwarzbeeren vermischen.

Fertigstellung

9. Die Rouladenstreifen auf eine Folie legen, mit der Creme füllen und zu einer Rolle formen. Mit der Folie einschließen und kalt stellen.

10. Die Rolle in Stücke schneiden, mit Staubzucker bestreuen und mit etwas Sahne, Blaubeeren und Gundelrebe servieren.

Tipps

* Anstatt den Biskuit zu halbieren, können Sie auch das ganze Biskuitblatt mit der Creme bestreichen und einrollen.

* Statt Schwarzbeeren eignen sich auch Erdbeeren, Waldfrüchte, Himbeeren oder sonstige weiche Früchte, also etwa Mango, Banane oder Kiwi.

Das Autorenteam bedankt sich bei folgenden **Partnern**

ALPS COFFEE HIGHEST QUALITY SCHREYÖGG 1890

Höchste Qualität seit 1890

alps-coffee.it

hafena®

Südtiroler Bio-Haferdrink

hafena.com

MIKO
we live gastronomy

Qualität ist das Produkt der Liebe zum Detail – seit 45 Jahren

miko.it

Roter Hahn

Qualitätsprodukte vom Bauern

roterhahn.it

Danke!

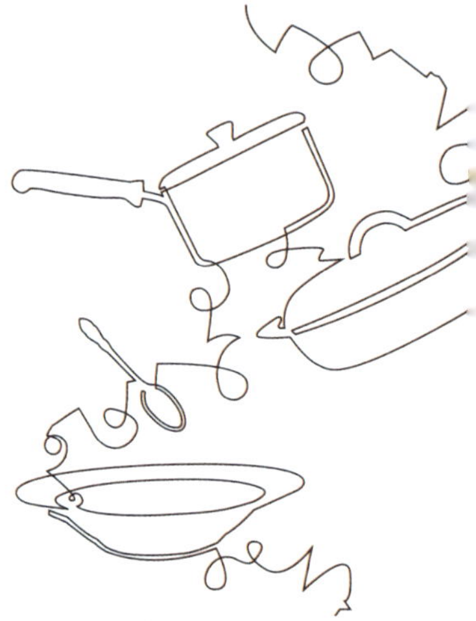

Register

Stichwörter mit roten Seitenzahlen befinden sich im Rezeptteil. Stichwörter mit schwarzen Seitenzahlen befinden sich im Abschnitt „Wissenswertes".

Abkürzungen und Küchensprache

l **Liter**
ml **Milliliter**
kg **Kilogramm**
g **Gramm**
EL **Esslöffel**
TL **Teelöffel:** Bei Löffelangaben ist, wenn nicht anders angegeben, von einem mäßig gehäuften Löffel auszugehen.
Pkg. **Päckchen:** Vanillezucker 9 g, Backpulver 16 g
Msp. **Messerspitze:** Eine Messerspitze ist jene Menge, die auf einem kleinen Gemüsemesser die Spitze bedeckt (3–5 g).
Prise Unter Prise versteht man die Menge, die man zwischen Zeigefinger und Daumen halten kann (1–2 g).
etwa Wenn „etwa" im Rezept steht, ist es entweder nicht nötig, sich an genaue Mengenangaben zu halten, oder auch nicht möglich. Das „etwa" lässt also Freiheit, Gefühl und Erfahrung zu, ohne dass dabei ein Misslingen riskiert wird.
Eier Mittelgroße Eier (M: 53–63 g)
Mehl Wenn in den Rezepten Mehl als Zutat genannt wird, ist Weizenmehl oder Dinkelmehl gemeint.
Speisestärke Als Speisestärke wird zumeist Weizenstärke verwendet. Sie können aber auch Kartoffel- oder Maisstärke verwenden.
Grad **Grad Celsius**
ø **Durchmesser**

Ländertypische Bezeichnungen

Immer wieder kommt es auch innerhalb der deutschsprachigen Länder zu Missverständnissen und Verwechslungen aufgrund ländertypischer Bezeichnungen. Die Erklärung zu den undurchschaubaren Begriffen finden Sie in nachstehender Übersicht.

Südtirol/Österreich	Deutschland
Germ	Hefe
Marillen	Aprikosen
Marillenmarmelade	Aprikosenmarmelade
Mascarpone	Cremiger Frischkäse
Pinoli	Pinienkerne
Ricotta	Italienischer Frischkäse
Schwarzpolentamehl	Buchweizenmehl
Topfen	Quark

Unsere „So genießt Südtirol"-Reihe

Die alpin-mediterrane Vielfalt der Südtiroler Küche von den Bestsellerautoren des

„So kocht Südtirol"-Teams

mit über 1,3 Millionen verkauften Büchern

Online-Kochservice
Wenden Sie sich an uns, wenn Sie Fragen haben.
Anregungen sind jederzeit willkommen.

info@so-kocht-suedtirol.it
www.so-kocht-suedtirol.it
@sokochtsuedtirol

www.athesia-tappeiner.it